# 赢在规划：
# 大学生职业规划与就业创业理论研究

应 莺／著

中国原子能出版社

图书在版编目（CIP）数据

赢在规划：大学生职业规划与就业创业理论研究 /
应莺著. -- 北京：中国原子能出版社，2021.11
ISBN 978-7-5221-1885-7

Ⅰ. ①赢… Ⅱ. ①应… Ⅲ. ①大学生－职业选择－研
究②大学生－创业－研究 Ⅳ. ①G647.38

中国版本图书馆 CIP 数据核字（2021）第 268693 号

## 内 容 简 介

大学生是祖国的未来和民族的希望，当今社会，随着高等教育的不
断扩招，大学生的数量越来越多，大学生就业带来的挑战越来越严峻。
鉴于此，特策划了本选题，希望能对大学生顺利就业具有一定的指导意
义。本书从大学生职业生涯规划的内涵入手，对大学生职业生涯规划的
相关知识进行系统研究，进而对大学生就业与创业的相关知识进行研
究。本书条理清晰，内容丰富新颖，是一本值得学习研究的著作，以期能
对大学生具有较强的实用性和指导性。

**赢在规划：大学生职业规划与就业创业理论研究**

| | |
|---|---|
| 出版发行 | 中国原子能出版社（北京市海淀区阜成路 43 号　100048） |
| 责任编辑 | 潘玉玲 |
| 责任校对 | 冯莲凤 |
| 印　　刷 | 北京亚吉飞数码科技有限公司 |
| 经　　销 | 全国新华书店 |
| 开　　本 | 710 mm×1000 mm　1/16 |
| 印　　张 | 14.25 |
| 字　　数 | 226 千字 |
| 版　　次 | 2023 年 3 月第 1 版　2023 年 3 月第 1 次印刷 |
| 书　　号 | ISBN 978-7-5221-1885-7　　定　价　78.00 元 |

网址：http://www.aep.com.cn　　E-mail：atomep123@126.com
发行电话：010－68452845　　　　版权所有　侵权必究

# 前　言

　　大学生是国家宝贵的人力资源,是充满活力、勇于创新的群体,是祖国的未来和民族的希望。大学阶段是大学生学习知识、发展智力、培养能力、积累经验、增长阅历、筹划职业和尝试创业的关键时期,同时也是大学生成功步入社会的准备期,在这一时期,大学生既要不断适应新的生活,扮演新的社会角色,同时还要努力确定自己的人生方向,并为此做出努力,以保证自己目标的顺利实现。

　　然而,随着我国高校毕业生就业制度的改革和高等教育规模的扩大,大学生的就业形势发生了新的变化,大学生的就业问题日益凸显,当前,大学生的就业问题已经成为全社会共同关注的问题之一。面对日益严峻的就业形势,越来越多的大学生开始关注自己的职业生涯规划。即便如此,仍然有一部分大学生对于职业生涯规划的确切含义以及意义等不完全了解,所以对职业规划要么冷眼相待,要么使其流于形式,不能使职业生涯规划真正发挥其应有的作用。因此,对大学生进行职业生涯规划教育就显得尤为重要。另外,就业是民生之本,创业是就业之源,所以,让大学生掌握一定的就业和创业知识意义重大。鉴于此,特策划了本书。

　　本书共包括八章内容:第一章对职业规划的基本知识进行了阐述,有助于对大学生职业规划有一个基本的了解;第二章对自我认知的相关知识进行了研究,主要内容包括兴趣认知、能力认知、性格认知和价值观认知;第三章和第四章分别对大学生职业生涯规划的制定、实施以及评估与调整的相关内容进行了研究;第五章和第六章对大学生就业的准备与技巧的相关内容进行了研究,对大学生的顺利就业具有积极的导向作用;第七章和第八章则对大学生创业的相关知识进行了研究,其中,第七章主要为大学生创业概述,即对大学生创业的基本知识进行了研究,第八章对大学生创业实践的内容进行了探讨,通过这两章内容的学习,对大学生的创业活动具有极大的指导作用。总体来说，本书结构清晰明了，内容丰富翔实，理论明确系统，语言准确通俗，具有全面性、实用性和可操作性等特点。相信本书的出版，对于大学生顺利就业和创业具有积极意义。

本书在撰写过程中参阅了许多有关大学生职业规划与就业指导方面的著作，同时也引用了许多专家和学者的研究成果，在此表示最诚挚的谢意！由于时间仓促，作者水平有限，不足之处在所难免，恳请广大读者在使用中多提宝贵意见，以便本书的修改与完善。

作　者

2021 年 10 月

# 目　录

# 第一章 了解规划：职业规划概述

每名青年大学生都拥有对未来的美好憧憬，但是有些大学生对未来的规划却并不是那么清晰，有些大学生即使有了明确的目标，却不知道该如何一步一步实现，也不知道自己是否能够坚持下去。我们在憧憬美丽人生时常常觉得：准备起跑的自己与那个最想要的结果仿佛隔着几重门。虽然只有少数人可以幸运地一步到位，但的确有些人走了捷径，能否找到捷径的关键就看你是瞎打乱撞，还是有选择地策划每一段人生。

本章将带你走近职业生涯规划，向你介绍职业生涯规划的内涵、职业生涯规划的基本理论和误区，只有掌握了相关知识点，才能为自己设定科学合理的职业生涯目标，并对大学生活做出合理规划，为毕业时的就业及以后的职业发展做好准备。

## 第一节 职业规划的内涵

### 一、职业规划概述

职业是自我展现的重要领域。大学生的职业生涯规划不仅影响个体的心理健康，也影响个人一生的发展。做职业生涯规划要先了解什么是职业生涯规划及工作、职业、生涯、职业生涯等与职业生涯发展规划相关的概念。在日常生活中，我们常常把工作、职业与职业生涯混为一谈，以为工作就是职业，从事了某种职业就拥有了职业生涯。诚然，工作、职业与职业生涯是密切相关的概念，但它们并不完全是一回事。

## (一)工作的含义

所谓工作,指的是人在从事某一行业、承担某一岗位职责的时候,被赋予的具体职位,其所具有的鲜明特征包括:目的和结果明确,需要持之以恒地投入时间和精力。工作不仅是谋生的手段,也可以满足人的多种需要,见表 1-1。

表 1-1　工作可以满足人的不同需求[①]

| 经济需求 | 社会需求 | 心理需求 |
|---|---|---|
| 物质需求的满足<br>对未来发展的安全感<br>可用于投资的流动资产<br>可以保证休闲和自由时间的资产<br>购买物品和服务<br>成功的证明 | 一个与人们会面的地方<br>潜在的友谊<br>人际关系<br>工作者与家庭社会地位<br>受人尊重的感觉<br>被人需要 | 自我肯定<br>角色认定<br>秩序感<br>可信赖感<br>胜任感<br>自我效能<br>投入感<br>个人评价 |

## (二)职业的含义

"职业"指的是什么？它近似于"工作",又和后者有着明显的不同。首先,两者范围不同,"职业"指的是专业领域,一般由一系列相似的职位组成。生活中,我们耳熟能详的职业有教师、医生、销售等。

《现代汉语词典》对职业给予的解释是"个人在社会中所从事的作为主要生活来源的工作"。它强调的是职业的狭义概念,即职业是人挣得生存资本,以满足基本生存需求的渠道和手段。

关于职业,国内外有些专家、学者按照自己的理解给出了定义。

美国著名的教育家杜威认为,职业首先是一种活动,显而易见,人们可以从这种必须持续投入时间和精力的活动中得到利益。

美国社会学家塞尔兹也认为,职业是一种特殊活动,人们为了获得

---

① 任晓剑,姚树欣 . 大学生职业规划与创新教育［M］. 北京:国家行政学院出版社,2017.

生存资本必须从事不同的特殊活动，证明自己的市场价值，同时也依靠不同的活动及发挥的价值得到不同的社会地位。

在我国学者姚裕群看来，职业这一概念比较中性。站在整个社会学的角度来看，职业指的是人们依据自己的情况去从事特定的一种社会劳动，以此作为谋生和实现人生价值的渠道和手段，一般情况下，这种社会劳动比较稳定，不易发生变动。而从个人角度而言，则是指个人扮演的一系列工作角色。

综上所述，职业是参与社会分工，利用专门的知识和技能，为社会创造物质财富和精神财富，获取合理报酬作为物质生活来源，并满足精神需求的工作。

我们扮演各自的社会角色，发挥优势、潜能，发展自我，并最终实现人生的长短期目标，靠的都是稳定的职业活动。职业活动让人们拥有了远比经济价值更加丰富的内容，如才能的发挥、权力、地位、名誉等。

## （三）职业生涯的含义

### 1. 生涯

生涯不仅是工作和职业。所谓"生涯"，在中文里，可以拆分开来理解，"生"有"生存""活着"的意思，"涯"有"边际"的意思，比如"学海无涯"，指的就是学海没有边际，而将"生"与"涯"连起来看，就是一生的意思。在英文里，"生涯"是 career，指的是远古时代的战车，在西方人的概念里，使用"生涯"一词就如同赛场竞技，含有未知、冒险、克服困难的精神，后来逐渐引申为道路，即人生的发展道路。

当前，我们对于"生涯"这一词的普遍认知是，它指的是个人在职场和生活中的发展历程，这一历程中包含这个人从初入社会、职场起所扮演的角色，乃至后期一系列职业和生活定位，它带有个人特殊的烙印，也指一个人生活中所遭遇的各种事件的演进方向和历程。

### 2. 职业生涯

所谓职业生涯，指的是一个人从开始进入职场到最终退出职场的过程，也包括这一过程内发生的一切事情，而个体需求、心理变化及与职业息息相关的活动等也属于职业生涯的范畴。也就是说，它是一个人的终身职业经历。

职业生涯是动态发展的过程，它包括一个人初入职场时的表现，中期的选择以及后期达到的成就，它包含一个人的过去、当下和未来，展现了一个人的职业发展轨迹，它还包含个体在职业生涯过程中对职业发展的感悟和期许。也就是说，职业生涯包括个体具体的工作经历，也包括个体的精神、情感体验，在动态发展的过程中，在多方面因素互相作用下，其最终会形成一个确定的结果。虽然每个人的职业目标、职业理想以及职业生涯发展轨迹都不相同，但分析不同人的经历，会发现其中有着相似的特性，总结如下。

（1）发展性。职业生涯是生活中各种事态发展演进的动态过程，具有一定的逻辑性。

（2）阶段性。职业生涯有着不同的发展阶段，在不同的阶段有着不同的任务和目标，各个阶段之间具有递进性。

（3）独特性。每个人都拥有自己的职业理想、职业抱负、职业选择和职业条件，因而有着区别于他人的、独特的生涯历程。

（4）整合性。职业生涯除了职业角色外，还包括任何与工作有关的经验和活动，而不仅局限于工作或职位。

（5）互动性。职业生涯是个人与他人、个人与环境、个人与社会互动的结果。个体自我认识的深化、个体的主观能动性、个体掌握的技能，对于生涯发展有着重要影响。

### 3. 外职业生涯和内职业生涯

外职业生涯和内职业生涯的说法最早由美国知名职业指导专家施恩（Edgar H. Schein）教授所提出。在他看来，所谓外职业生涯，指的是经历一种职业（由教育开始，经工作期，直到退休）的道路，从招聘、培训、到提拔、退休结束，它包括职业的每一个阶段。与外职业生涯不同的是，内职业生涯更注重人的内在感情，以及事业与工作之外的其他需求之间的平衡。

（1）外职业生涯。具体来说，外职业生涯指的是与人们工作息息相关的各种因素的组合及变化过程，这些因素包括公司地点、单位名称、岗位内容和要求、担任职务、周围环境及福利待遇等。这些因素通常是外在所给予的，而内职业生涯的发展才会促进外职业生涯的发展，后者以前者的发展为前提条件。

（2）内职业生涯。所谓内职业生涯，具体来说，指的就是一个人从事某项职业所需具备的各种技能和内在因素的相互转化、组合、促进等变化的过程。这些技能包括所具备的文化知识、具体的岗位技能等，内在因素包括心理素质、内心感受等。这些技能与因素的获得受外界影响很大，能在外界的帮助下趋于完善，但也能通过自身努力去获得。外职业生涯的构成因素容易受外界否定或收回，但内职业生涯的构成因素却与其相反，它一旦形成，一般情况下会追随人终身。大学生想方设法地提升内职业生涯，无异于提升自己的职场竞争力，外职业生涯也会随之延长。

## 二、职业生涯规划的意义

米歇尔·罗兹指出，生涯规划存在三个积极目标，即突破发展障碍、开发潜在优势和全面实现自我价值。拿突破发展障碍来说，这里的障碍指的不仅是外在障碍，还有内在障碍。后者包括性格怯懦、惴惴不安、敷衍消极、不够自觉等。外在障碍包括政局动荡、市场趋势不明、经济衰退、社会紊乱、刻板印象和体能要求等。开发潜能包括自我觉知、积极进取、建立自信、培养实力、增强勇气和加强沟通技巧。自我实现则是以己为荣，追求实现自我理想的需要。

当前大学生的常见困惑包括不知道所学专业未来的发展情况，社会急需的人才拥有哪些素养，极具竞争力的人才拥有哪些才能，等等。更值得强调的是，他们更不清楚自己的定位，不知道自己的潜力在哪里，不知道自己真正感兴趣的事业是什么。所以，他们常常处于一种不知道该做什么，去往哪儿的状态。所以，对大学生而言，职业生涯规划可以明确人生未来的奋斗目标；促进包括职业技能在内的综合技能的提升；认清社会发展现状，明确自身定位，从而合理规划大学生涯，等等。所以说，职业生涯规划对大学生来说意义重大，能帮助大学生达到自我实现，如图1-1所示。

职业生涯规划能够帮助大学生发现人生目标、帮助大学生实现个人的全面发展、帮助大学生提高就业竞争力帮助大学生找到职业成功的有效途径，具体介绍如下。

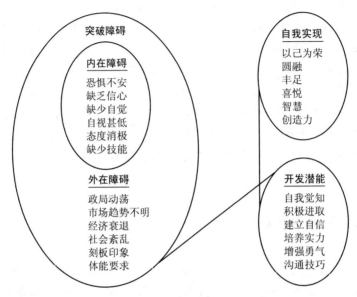

图 1-1　职业生涯规划功能图①

## (一)帮助大学生发现人生目标

目标对于人生的重要性不言而喻。哈佛大学曾以一群年轻人为对象,进行了一项著名的调查。值得一提的是,这群年轻人在智力上相差不远,学历几乎相同,成长环境也大差不离,而调查结果却出乎所有人的意料。

那些从一开始便树立下坚定的长期目标的年轻人,在 25 年后,他们中的大多数都成为精英人士,哪怕从事着不同的行业,也大多是行业中的领头羊。这群人占据总调查人数的 3% 左右。

那些有着坚定的短期目标的人,在 25 年后,他们中的大多数也都创建下属于自己的事业,属于社会的中上层人士。他们中,有的成为医生,有的从事律师行业,有的成功成为公司主管,生活状态也好。这群人占据总调查人数的 10% 左右。

那些对自己的人生目标感到模糊不清的人,在 25 年后,虽然他们也在按部就班地工作、生活着,但大多没有取得理想中的成就。这群人占据总调查人数的 60% 左右。

---

① 夏忠. 大学生职业生涯规划与就业指导[M]. 北京:北京理工大学出版社,2017.

那些毫无目标的人，在 25 年后，他们中绝大部分都生活在社会的最底层。这群人总觉得自己怀才不遇，总是对社会、对他人满怀怨怼，时常怨天尤人。这群人占据总调查人数的 27％ 左右。

这个调查结果深刻地揭示了目标的重要性。朝气蓬勃的大学生无异于初升的太阳，他们更是国家的未来，毕业后，无论他们想要从事哪一行业，只要心怀目标，科学规划，并一步一个脚印地去实现，就一定能取得理想中的成果，最终成为一个优秀的人才，甚至成为国家的栋梁。

## （二）帮助大学生实现个人的全面发展

每一名大学生都应该将职业生涯规划的重要性铭记于心。一份科学合理的、符合实际情况的职业生涯规划将成为大学生前行路上的指明灯，引领他们向着既定的方向坚定不移地前行。为了增强职业竞争力和更清晰地认识自我，我们在制定职业生涯规划的时候要充分考虑到自身的优点、缺点以及潜力，将其罗列清楚，并综合进行对比分析，在此基础上对自己的实力进行总结、价值进行定位，从而设置清晰的短期成长目标和长期职业发展目标。行之有效的职业生涯规划能帮助我们找到职业理想，也能帮助我们发现难得的职业机会，而我们运用正确的方法、步骤，就能不断地完善自我，一步步地抵达理想，实现目标。

大学生们离开"象牙塔"，进入社会之初，辛勤工作是为了满足吃住行等最基本的生活需求，还无法触及高层次的生活或精神需求，很多年轻人因此懵懵懂懂，在职场中逐渐蹉跎了理想。而一份目标坚定、过程清晰的职业生涯规划却会提醒那些刚入职场的"菜鸟"，在满足基本需求的同时别忘了主动去提高需求层次，就像一层层通关一样，只要实现了一个又一个的短期目标，就能获得别人的信任和期许，获得梦寐以求的荣誉、财富、社会地位，乃至最终实现自己的职业理想。

可见，职业生涯规划能够督促年轻人不断提升自我素质，实现自我的全面发展。职业生涯规划激励着一代又一代的年轻人在坚定地追逐职业理想的道路上，构建自我知识体系、能力体系、人格体系等，乃至最终成为自我的价值，成为一个对社会、对国家有用的人。

## （三）帮助大学生提高就业竞争力

当今的社会竞争十分激烈，大学生们要想在残酷的竞争中生存下来,就一定要依据自己的真实情况制定一份科学合理、行之有效的职业生涯规划,并按照计划一步步去提升自己。如果不做职业规划就仓促走上职场,就很容易经历挫折,遭遇失败。

然而在现实生活中,很多大学毕业生在该做职业生涯规划的时候敷衍了事,对职业生涯的重要性没有深刻的认识,等到毕业时,他们拿着简历和求职书一头扎入就业大军中,四处乱撞,渴望遇到贵人赏识,从而找到一份满意的工作,结果往往事与愿违。在碰了一鼻子灰后,他们开始抱怨怀才不遇,感叹自己这匹千里马迟迟遇不到伯乐的赏识。这部分的大学毕业生一开始都认为制定职业生涯规划是在做无用功,除了浪费时间和精力外没有一点好处,而找工作靠的是学历、关系、口才、长相等外在条件,与其花时间做职业规划不如多投几份简历,而在频频碰壁后,他们才发现自己原先的认知可谓是大错特错。所谓不打无准备的仗,做好职业生涯规划,在对自我认知更清晰地基础上划定职业方向、确定职业理想和短期成长目标,并在求职活动中将其一步步付诸实践,就能很快尝试到成功的滋味。最忌讳的是像个无头苍蝇一样,在求职大军中乱碰乱撞,这样只会让机会白白流失。

## (四)帮助大学生找到职业成功的有效途径

职业生涯规划是一个宏大而复杂的主题,很多人对其的认识都很片面。比如,有的人认为职业生涯规划指的是招聘单位提供什么工作岗位,自己就做什么工作;有的人认为职业生涯规划指的是选择自己感兴趣的工作,等等。这些观点都不足以揭示职业生涯规划的本质,反而是一种错误的认知。

找工作的时候,我们通常会考虑两个问题——"我感兴趣的事情"和"我的能力足以应付的事情",而职业生涯规划就是将"我想做"和"我能做"这两点有机结合起来,并综合考虑其他因素所制定的计划。求职者首先要对自我有精细、准确的认识,在此基础上寻找并最终确定自己想要努力的方向、长期目标及短期目标,为了实现这些目标去制定相应的实施步骤。

利用职业生涯规划,大学生能挖掘出自己感兴趣的和有潜力的职业领域,了解自身定位,明确后期发展方向,从而逐步走向成功。

# 第二节　职业规划的基本理论

在 20 世纪初美国兴起职业辅导运动以来，职业生涯辅导建立起了一系列理论模型，为个人做出有关职业和生活的正确决定提供了支持。职业生涯理论包括职业生涯选择理论、职业生涯发展理论、职业锚理论等。

## 一、职业生涯选择理论

职业生涯选择理论包括帕森斯的特质因素理论、弗鲁姆的择业动机理论、择业决策理论，等等。具体介绍如下。

### （一）帕森斯的特质因素理论

20 世纪初，美国波士顿大学教授弗兰克·帕森斯首次在他的著述《选择一个职业》中提到了"人职匹配理论"，该理论指出，职业选择要经过三个步骤。第一个步骤是自我条件认知，即通过各种方式方法，了解自己在各个方面的特性及优缺点，如兴趣爱好、智力、能力、思维方式等，从而找到自己擅长的方向和局限所在。第二个步骤是外部条件认知，即了解成功所需要的客观条件，其中包括自己掌握的技能和知识，以及实现目标所需要的技能和相关知识，如写作能力、软件操作能力等。第三个步骤是将自我条件与客观条件结合，通过比照两者之间的层级关系，最终得出自身与相关职业的匹配程度。

上述理论强调了我们在选择职业时将要面对的两种认知，对自我的认知和对外部条件，即外需的认知。前者涉及的内容主要指职业规划主体的"软件能力"，包括了主体的能力、智力、性格、身心素质、兴趣以及思维方式等；后者则主要指职业规划客体的"硬件要求"，包括了目标职业的能力、知识需求等。了解职业首先要从后者出发，优先分析职业的内容及其相关活动的特点，结合从业背景等信息要素，找出职业对求职主体的具体要求。职业匹配就是在了解职业诸多信息的基础上，结合职业规划主体对于自身条件的认知，进行分析，得出诸如是否能够胜任，是否能够满足各方所需等结论。通过对自身评价以及对职业的信息分析，进而将二者进行比较分析从而得出适配性的这种方法，可以在很大程度上减少求职的盲目性，增加求职成功的可能，大大降低求职效率，增加事业的成功机会。此外，决定职业抉择的因素还有很多，比如职业的前景，业内的经济收入水平与求职者的预期等，另外，社会环境、社会心理以及就业政策等因素，也是职业规划者不得不考虑的重要问题。

在当今社会，人们对于职业的选择，在很大程度上就是对自己人生道路的选择，一种职业，往往预示着一种未来，决定了一个人在未来的生活水平以及社会地位，更进一步说，职业选择还决定了一个人的成就和社会贡献。之所以有很多能力出众、知识丰富的人，最终却无法在职业的赛场上叱咤风云，就是因为他们在最初的选择上没有根据自身特点或职业需求进行科学合理的结合，错误的工作不仅无法正确地发挥一个人的才能，反而可能成为他人生之路的绊脚石，限制他能力的发挥和发展。求职者只有经过合理严谨的职业分析和安排，才能在创造出价值，得到财富的同时收获成就感和幸福感。

### (二)弗鲁姆的择业动机理论

美国心理学家弗鲁姆(Victo H. Vroom)针对个体择业行为这一课题展开了一系列研究，在分析了多种因素后，他得出结论，即效价的大小和期望值的高低几乎决定了个体行为动机的强度，也就是说，动机强度与效价及期望值成正比。1964 年，他总结自己之前的研究，在此基础上提出了期望理论，这一理论有着自己的代表性的公式，即 $F = V \cdot E$。

$F$ 为动机强度，是指积极性的激发程度，表明个体为达一定目标而努力的程度。

$V$ 为效价，是指个体对特定目标重要性的主观评价。

$E$ 为期望值，是指个体对实现目标可能性大小的评估，也即目标实现概率。

我们可以这样来总结：效价越大，期望值越高，员工行为动机越强烈。这意味着，如果员工想要完成某一阶段的目标，他就要付出超越常人想象的努力，这也从侧面说明，这一目标的实现对于员工本人而言意义非凡。相反，效价越小，这个目标对于员工个人的意义就越小，这时哪怕目标能轻而易举地实现，个人追求目标的意愿也不会很高，更不会因此付出任何努力。

如果目标实现的概率为零，那么无论目标实现意义多么重大，个人同样不会产生追求目标的动机。

弗鲁姆将这一期望理论用来解释个人的职业选择行为，具体化为择业动机理论。

### 1. 确定择业动机

用公式表示为：择业动机＝职业效价×职业概率。其中，择业动机表明择业者对目标职业的追求程度，或者对某项职业选择意向的大小。

职业效价是指择业者对某项职业价值的评价，取决于两个方面：一是择业者的职业价值观；二是择业者对某项具体职业要求，如兴趣、劳动条件、工资、职业声望等的评估。即：职业效价＝职业价值观×职业要素评估。

职业概率是指择业者获得某项职业可能性的大小，通常主要决定于四个条件：某项职业的需求量，在其他条件一定的情况下，职业概率同职业需求量呈正相关；择业者的竞争能力，即择业者自身工作能力和求职就业能力，竞争力越强，获得职业的可能性越大；竞争系数是指谋求同一种职业的劳动者人数的多少，在其他条件一定的情况下，竞争系数越大，职业概率越小；其他随机因素。

对择业者来讲，某项职业的效价越高，获取该项职业的可能性越大，择业者选择该项职业的意向或者倾向越大；反之，某项职业对择业者而言其效价越低，获得此项职业的可能性越小，择业者选择这项职业的倾向也就越小。

### 2. 比较择业动机，确定选择的职业

择业者对几种大致的职业目标进行评估后，在测定了这几种职业的择业动机之后，可横向比较。由于择业动机本身已经有一个影响因素权衡考虑、分析计算的过程，因此，一般来说，要选择择业动机分值最高的那个职业作为选定结果。弗鲁姆的择业动机理论可以帮助求职者权衡各种动机的轻重缓急，反复比较利弊得失，评定其社会价值。帮助求职者确定主导择业动机，使动机顺利地导向行为。

## (三)择业决策理论

择业决策又称"职业决策",该理论源于经济学中的决策理论在职业行为上的研究。在各种职业选择理论中都有涉及抉择的问题,其中伽勒特和乔普森特别强调了职业决策意识与决策行为在个人职业程度与发展过程中所起的作用,并把职业发展过程看作是职业决策或解决问题的过程。

在一般的经济学决策理论中,个人的决策取决于效用价值。决策时往往考虑与效用(效果)有关的因素,如成本、冒险、损失等。决策者会对每一种可能的选择方案,搜集资料信息,分析每一种方案的预期效用,然后选择预期效用值最大的那种作为决策的结果。但实际上,择业决策是一个非常复杂的内部过程,尽管效用标准是决策的重要依据,但却不足以对决策整个过程做出解释。

在实际生活中,效用往往因人而异,而且个人的年龄、性别、经验等因素也会对决策产生影响。职业决策不能等同于经济活动的决策,它要受到个人对职业价值期望的影响,比如经济收入、兴趣偏好、性格特征、社会地位与经济决策中的效用是不同的。而且,决策者个人的价值、态度、认知方式也都是影响择业决策的重要因素。因此,择业决策理论强调,只有深入研究这些因素,才能阐明职业决策过程。只有从个人与环境的相互作用来分析个人的择业决策行为,才能从影响个人职业决策的环境、遗传、经验等因素分析中提出职业选择的主要任务。

## 二、职业生涯发展理论

国外内一些知名学者都提出了自己的职业生涯发展理论,国外影响力最大的有金斯伯格的职业发展理论、舒伯的生涯发展理论等;国内的有孔子的职业生涯阶段划分,廖泉文的三、三、三论,罗双平的职业生涯阶段理论,具体介绍如下。

## (一)国外学者的看法

### 1. 金斯伯格的职业生涯发展阶段理论

美国著名的职业发展理论代表人物金斯伯格(Eli Ginzberg)认为,

职业生涯是一个连续的、长期的发展过程。他通过比较美国富裕家庭成员童年期、成年期职业选择的想法和行动的差异，将职业发展分为幻想期、尝试期和现实期三个阶段。

（1）幻想期

幻想期指 11 岁之前的儿童时期。在这一阶段，儿童对他们所看到的或接触到的各类职业工作者充满好奇，对那些引人注目、令人激动的职业充满憧憬。这一时期个体在职业需求上呈现的特点：许多想法感情色彩浓厚，主要根据自己的兴趣决定职业理想，并不考虑自身的条件、能力水平和社会需要与机遇，处于幻想状态。

（2）尝试期

尝试期指 11～17 岁由少年向青年过渡的时期。在这一阶段，个体的心理和生理均迅速成长变化，开始有独立的意识和价值观念，知识和能力也显著提高，并开始对社会生产与生活的经验有所了解。个体在职业需求上呈现出的特点：不仅注意自己的职业兴趣，而且客观地审视自身的条件、能力和价值观；开始注意职业角色的社会地位、社会意义和社会需要。

11、12 岁是兴趣阶段，个体开始注意并培养自己对某些职业的兴趣；13、14 岁是能力阶段，个体开始认识到个人的能力与职业的关系；15、16 岁是价值阶段，个体开始认识到职业的社会价值性，注意到选择职业时要兼顾个人与社会的需要；17 岁是综合阶段，个体能将上述三个阶段进行综合考虑，并结合相关的职业选择资料来正确了解和判定未来的职业发展方向。这一时期是职业目标形成的最重要阶段。

（3）现实期

现实期指 17 岁以后的青年和成年期。在这一阶段，个体即将步入社会，能比较客观地把职业愿望或要求同主观条件、能力以及社会现实的职业需要紧密联系和协调起来，寻找适合自己的职业角色，力求达到主观因素和客观因素的统一。这一时期的职业需求不再模糊不清，已有具体的、现实的职业目标，表现出的最大特点是客观性、现实性、实际性。现实期又可分为以下三个阶段。

①探索阶段。根据尝试期的结果，进行各种职业探索活动，尝试各种职业机会。

②具体化阶段。根据探索阶段的经历，做进一步的选择，此时职业目标已经基本确定，并开始为之努力。

③专业化阶段。个体根据自我选择的目标，开始做详细而具体的准备。

**2. 舒伯的生涯发展理论**

1953年，舒伯(Donald·E·Super)在《美国心理学家》发表文章，第一次提出"生涯"的概念。舒伯生涯发展理论的提出，打破了特质因素论一统天下的局面，是职业到生涯的标志。在舒伯看来，人们在进行职业选择的同时，也在实践自我概念，基于此，他提出著名的14项基本假设和12项基本主张。舒伯的生涯发展理论重点强调的概念有很多，比如自我概念、生活广度、生涯成熟、生活空间等，其中自我概念是舒伯最为重视的概念。他一直告诉人们，生涯发展的过程就是自我实现的过程。下文简单介绍一下舒伯的生涯彩虹图和职业生涯五阶段理论。

(1)舒伯的生涯彩虹图

1976年后，舒伯在英国进行了四年的跨文化研究，随后提出了新的生涯发展观，除了保持原有的发展阶段理论外，重要的是加入了角色理论，并发展出体现生活广度和生活空间的更广阔的生涯发展观——"生涯彩虹图"，即用自然界中的彩虹的轮廓形象地反映了人一生的角色在时间上的透视，角色之间的关系及其演变过程。生涯彩虹图(图1-2)可以反映出个人在各类工作或生活角色间的选择，影响其一生的发展。每个人自踏出学校之后，就不可避免地在同一阶段不同的舞台上扮演不同的角色。

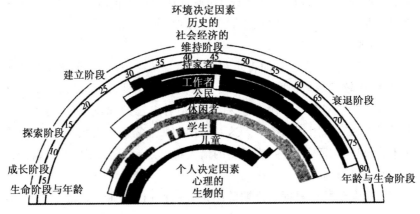

**图 1-2　生涯彩虹图①**

---

① 陈梦薇，刘俊芳，李晓萍. 生涯规划与职业发展[M]. 南京：东南大学出版社，2015.

由于生涯彩虹图描述的是生活空间和生活广度，所以更适合运用于已经进入社会的人进行自我分析和生涯探索。

①纵贯一生的彩虹——生活的广度

在生涯彩虹图横向，描绘的是人一生的彩虹生活广度，横向层面代表的是横跨一生的生活广度。彩虹的外层显示人生主要的发展阶段和大致估算的年龄：成长阶段（相当于儿童阶段）、探索阶段（相当于青春期）、建立阶段（相当于成人前期）、维持阶段（相当于成人后期）以及衰退阶段（相当于老年阶段）。

②纵贯上下的彩虹——生活空间

在生涯彩虹图中，第二个层面（相当于地球的纬度）代表的是纵贯上下的生活空间，由一组职位和角色组成。舒伯认为，人在一生当中必须扮演几种主要的角色，依序是：儿童、学生、休闲者、公民、工作者和持家者。各种角色是相互作用的，一个角色的成功，特别是如果早期角色发展得好，将会为后面其他角色提供良好的关系基础。但是，在一个角色上投入过多的精力，而没有平衡协调各角色的关系，也会导致其他角色的失败。

半圆形最中间一层是儿童的角色，也是为人子女的角色。这个角色一直存在。早期个体享受着父母的照顾，随着成长成熟，慢慢和父母平起平坐，而在父母年迈之际，则要开始多花费一些心力陪伴父母，赡养父母。第二层是学生角色。一般从4、5岁开始，10岁以后进一步加强，20岁以后大幅度减少，25岁以后便戛然而止。但在30岁以后，学生的角色又出现，特别是40岁以后学生的角色几乎占有全部的生活空间，但几年后就会完全消失，直到65岁以后。这是由于在现在科技发展日新月异、知识爆炸的社会，青年在离开学校、工作一段时间之后，常会感到自身学习已经不能满足工作需要了，所以重回学校来充实自我。学生角色在35、40、45岁左右回升，正是这种现象的反映。第三层是休闲者的角色。这一角色在前期较平稳地发展，直到60岁以后迅速增加，这是和退休有关的缘故。在现代生活中，平衡工作与休闲是一项非常重要的任务，特别是在快节奏、高效率的社会中。第四层是公民。这个角色，就是承担社会责任、关心国家事务的一种责任和义务。第五层是工作者角色。一般在25岁以后，人就要开始参加工作，从此以后，这个角色将成为其生涯中最重要的角色，相当长时间内都是涂满的，直到其退休。第六层是持家者的角色，这一角色可以拆分为夫妻、父母、祖父母、外祖父母等。在人进入老年之后，这个角色将成为生命中最重要的角色。

图中的阴影为角色突显，系指一个人在这些角色位置上投入程度的星座图。角色投入的程度在不同的人生阶段会有变化，可由四项指标测定投入程度的深浅：承诺度（commitment）、参与度（participation）、价值期待（value expectations）和角色理解（knowledgeofroles）。其中，承诺度、参与度和价值期待三种层面可以透过《重要性量表》（Salience Inventory）（Nevill and Super，1986）测得。在每个年龄阶段突显的角色组合都不同，其生涯组型特别能反映出一个人当时的价值观。每个弧形代表人生中的某个角色，弧形中的阴影越多，就表示投入的精神越多，这个角色也就越重要，因此，每个阶段均有突显的角色组合出现。

（2）舒伯职业生涯五阶段理论

舒伯认为可以根据年龄将每个人生阶段与职业发展配合，且每个阶段各有其发展任务。他用"生涯彩虹图"来形象地展示人生各个发展阶段和所扮演的主要角色，其生涯发展包括五个阶段：成长（Growth）、探索（Exploration）、建立（Establishment）、维持（Maintenance）、衰退（Decline），如表 1-2 所示。

表 1-2　舒伯生涯发展五阶段[1]

| 阶段 | 年龄 | | 主要任务 |
|---|---|---|---|
| 成长阶段 | 出生至 14 岁 | | 对自我的认同感逐渐加强，开始对职业进行探索，在父母、老师的教导和鼓励下去锻炼自我职业能力 |
| | 次阶段 | 4 至 10 岁的幻想期 | 关注自身需求，经常在大人陪伴下进行角色扮演，如扮演医生、教师等 |
| | | 11 至 12 岁的兴趣期 | 对不同的职业产生浓厚的兴趣，初步理解职业的概念，在兴趣的基础上初步进行职业选择 |
| | | 13 至 14 岁的能力期 | 由单纯考虑兴趣，渐渐转入到对职业技能和工作所需条件等因素的考虑 |

① 陈梦薇,刘俊芳,李晓萍.生涯规划与职业发展[M].南京:东南大学出版社,2015.

续表

| 阶段 | 年龄 | | 主要任务 |
|---|---|---|---|
| 探索阶段 | 15 至 24 岁 | | 通过在校学习来完成自我的综合发展,包括寻找自我职业兴趣、对不同职业进行了解、探索等,完成择业及初步就业 |
| | 次阶段 | 15 至 17 岁的试探期 | 对自己的认识进一步加深,了解自己的兴趣、优劣势及潜能,将想要从事的职业进行比对、选择,当然,这种选择是尝试性的 |
| | | 18 至 21 岁的过渡期 | 初入职场,接受了一些职业培训,对未来的发展方向作出初步选择 |
| | | 22 至 24 岁的尝试期 | 在经过前期的摸索后,找到了一个比较适合自身发展的职业领域,这一阶段,为了满足基本的生活需要找到一份入门的工作,但要保证这份工作可能会提供至关重要的发展机遇 |
| 建立阶段 | 25 至 44 岁 | | 确定职业发展方向和目标,按照计划一步步去寻求发展。当然,前期还是要经过不断的尝试,在此基础上验证之前的选择是否符合实际。如果选择在这一领域坚持下去,就下定决心,做好计划,信心满满地起航 |
| | 次阶段 | 25 至 30 岁的稳定期 | 扎根于所选的职业领域,慢慢积累职业技能,让自己的工作和生活逐渐稳定下来 |
| | | 31 至 44 岁的发展期 | 不断努力去实现最大的职业目标,是最热衷于风险、敢于拼搏的时期,同时创造力也处于巅峰状态 |
| 中期危机阶段(44 岁至退休前) | | | 到了职业发展的中期阶段,可能会迎来一次危机,比如发现自己离职业理想目标越来越远,或者发现自己入错行业,有了新的职业方向,当然,无论最后做出怎样的选择,都需要经过慎重考虑。可见这一阶段属于转折期 |

续表

| 阶段 | 年龄 | 主要任务 |
|---|---|---|
| 维持阶段 | 45 至 64 岁 | 在巩固旧的技能的基础上持续挖掘新的潜力，开发新的技能。到了这一阶段，个体可能已经获得了一定的社会荣誉、成就和地位，需要继续去维护，并保持家庭与工作之间的平衡关系，除此之外，可匀出部分精力去寻找事业上的接替者 |
| 衰退阶段 | 65 岁至死亡 | 随着年龄逐渐增大，体力和精力逐渐下降，很难去应付繁重的工作，因此工作活动在这一阶段逐渐产生改变，个体所扮演的社会角色也发生变化，由参与者渐渐转变为观察者 |
| | 次阶段　60 岁至 70 岁的减速期 | 体力和精力大幅下降，工作责任或性质也发生改变 |
| | 71 岁至死亡的退休期 | 在退休期，人的社会角色发生了巨大的转变，有些人能很快适应这一阶段，并重新找到人生意义，有的人则很难适应，精神上很受打击，另一些人则是老迈而死 |

1953 年，舒伯根据自己"生涯发展型态研究"的结果，将生涯发展阶段划分为成长、探索、建立、维持与衰退五个阶段，其中有三个阶段与金斯伯格的分类相近，只是年龄与内容稍有不同，舒伯增加了就业以及退休阶段的生涯发展，具体介绍如下。

①出生至 14 岁的成长阶段

这一阶段的孩童虽然还处在懵懵懂懂的状态，但已经对自我有了一定的认识。他们通常有着各种各样的需求，且表达欲望强烈，喜欢进行各种各样的尝试，以探索自己的社会定位，不断加强自我认知。这一阶段有着鲜明的任务，即初步描绘、发展自我形象，初步了解工作的概念，以及对工作进行初步探索。

②15 岁至 24 岁的探索阶段

这一阶段的青少年会参加校内校外各种各样的活动，不断探索、发展自己的能力，发现、挖掘自己的潜力，并对职业有了更深的认识。这一阶段的任务是发现自己的职业偏好,使得其更具体、更鲜明,初步确定职业目标,并进行尝试。

③25岁至44岁的建立阶段

到了这一阶段,个体应该考虑如何找准自己的职业生涯定位,因为经过上一阶段的探索与尝试,个体对自我的认知更加全面和深入,并靠着不断的努力取得了一定的成就。在31岁至40岁,个体考虑的是要如何在维持原有成就的基础上取得更大的突破。这一阶段的任务是安稳中寻求更多机遇,以创造更多成就,取得更高的社会地位。

④45岁至64岁的维持阶段

这一阶段,个体会面对有实力的同龄人和优秀的年轻后辈的挑战,需要顶住压力,维持住原有的社会地位。这一阶段的任务是维持既有成就与地位。

⑤65岁以上的衰退阶段

这一阶段由于生理及心理机能日渐衰退,个体不得不面对现实从积极参与到隐退。这一阶段往往注重发展新的角色,寻求不同方式以替代和满足需求。

## (二)国内学者的看法

### 1. 孔子的职业生涯阶段划分

我国学者很早就对人生的基本阶段做了划分。孔子根据其亲身经历,将人生中每一个十年作为一个阶段。孔子说:"三十而立,四十而不惑,五十而知天命。"《论语·为政》其基本含义:三十岁确立人生目标,四十岁就不会困惑了,五十岁就会知道哪些事可以做、哪些事不能做,较客观地了解自己。孔子的观点对以后的学者研究职业生涯管理和人们实践职业生涯具有较强的借鉴作用。

### 2. 廖泉文的三、三、三论

针对职业生涯规划,我国学者廖泉文提出了"三、三、三论",在廖泉文看来,人的职业生涯可被分为输入、输出和淡出这三个阶段,如表1-3所示。

**表 1-3　三、三、三论**

| | 阶段 | 主要任务 |
|---|---|---|
| 人的职业生涯 | 输入阶段（从出生到就业前） | 对知识、信息、经验的输入 |
| | 输出阶段（从就业到退休） | 输出各种类型的知识、服务、个体智慧或其他产品 |
| | 淡出阶段（退休前后） | 个体逐步退出职业生涯 |

廖泉文认为，细分这三个阶段，又可以分为三个子阶段，即适应阶段、创新阶段和再适应阶段。到了子阶段，个体又可能会遇到三种状况，即顺利晋升、原地踏步和降到波谷。拿输出阶段来说，如表 1-4 所示。

**表 1-4　输出阶段的子阶段**

| 输出阶段 | 个人的工作状态 | 职业环境状态 |
|---|---|---|
| 适应阶段 | 订立三个契约：<br>对待领导：我要服从你的领导<br>对待同事：我要与你协同工作<br>对待自己：我要使自己表现出色 | 适应工作硬、软环境，个人与环境，个人与同事相互接受，进入职业角色 |
| 创新阶段 | 独立承担工作任务<br>独立做出创造性贡献 | 得到领导和群众认可，进入事业辉煌时期 |
| 再适应阶段 | 工作出色获得晋升<br>发展空间小而原地踏步<br>自身骄傲或工作差错受到批评 | 个体要调整心态，适应变化了的环境；此时属于职业状态分化时期，领导和同事看法不一 |

相比国外学者的划分方法，廖泉文的"三、三、三论"划分法更灵活开放，也更具人性化，因此备受推崇。

**3. 罗双平的职业生涯阶段理论**

我国从事职业生涯规划研究的学者罗双平认为：在职业生涯阶段划分上，应以年龄为依据，每十年作为一个阶段，即 20 岁至 30 岁为一个阶段，30 岁至 40 岁为一个阶段，以此类推。科学地将职业生涯划分为不同的阶段,明确每个阶段的特征和任务,对更好地从事自己的职业、实现确立的人生目标非常重要。

以上有关职业阶段的划分方法,各有特点,对不同的人有不同的作用。因为,每个人的学历、经历和背景各不相同。有的是高中毕业,有的是本科毕业,有的是研究生毕业,学历不同,参加工作的时间就不同;参加工作的时间不同,生涯阶段的划分也就不同。即使是同等学力、同年毕业,每个人的发展速度也不一样。所以,职业生涯阶段的划分,宜粗不宜细。以上对职业生涯进行阶段划分,也只是提供一个粗线条的轮廓,每个人可以根据自己的具体情况,划分自己的生涯阶段。

## 三、职业锚理论

常见的职业生涯规划理论除了职业选择理论、职业发展理论,还有职业锚理论。职业锚理论最初产生于美国麻省理工大学斯隆商学院,该学院的 44 名 MBA 毕业生自愿形成一个小组接受埃德加·H·施恩(Schein)教授长达 12 年的职业生涯研究,包括面谈、跟踪调查、公司调查、人才测评、问卷等多种方式,最终分析总结出了职业锚理论。

### (一)职业锚的含义

所谓职业锚,又称职业系留点。锚,是使船只停泊定位用的铁制器具。职业锚,实际就是人们选择和发展自己的职业时所围绕的中心,是指当一个人不得不做出选择的时候,他无论如何都不会放弃的职业中的那种至关重要的东西或价值观,是自我意向的一个习得部分。

### (二)职业锚的类型

有的职业理论强调的是个人能力,有的则强调职业动机或意愿,有的则强调价值观,而职业锚不仅仅是侧重于其中的某一方面,它强调三者的整合和统一,在这种情况下,个人能力、动机和价值观才能互相作用、互相影响,并各自发挥出最大的效用。有的研究者相对职业锚提前进行预测,却一次次失败,这是因为个体的职业锚不可能一成不变,它是一个动态变化的过程。有的大学生往往对自己的职业选择糊里糊涂,不知道该往哪个方向进发,直到他们不得不面临人生中的重大抉择,才在一次次碰壁中慢慢了解职业锚。其实，一个人的职业锚与他天生的兴趣息息相关，也和他过往的学习经历、工作经历有关，将这些因素综合在一起，才能形成一个完整的职业锚，这时候，我们才知道下一步将迈向哪里。

1978 年，施恩通过研究发现职业锚理论包括五种类型，到了 20 世纪 90 年代，施恩又总结出了另外三种职业锚理论类型，这八种职业锚类型的基本特点介绍如下。

### 1. 技术或功能型职业锚

一般而言，拥有这一类型职业锚的人性格比较稳重，在学生时代，他们十分注重对自身技能的培养。在选择职业时，他们也会更加注重各种职业、岗位的职能范围，而在工作的过程中，他们也会根据实际情况去及时补充必要的技术能力和业务能力。他们一般对管理性质的职业不太感兴趣，而在努力钻研的情况下，他们很容易成长为高精尖技术人才。

### 2. 管理型职业锚

拥有这一类型职业锚的人很喜欢管理类型的工作，哪怕他们在求职之初选择的是技术岗位，也是在为未来积累经验和资历，在条件成熟的情况下，他们一定会争取迈向管理层。这一类人会十分注重积累以下技能。

（1）信息整合能力及信息分析能力。在职场上，我们所能接触到的很多信息都是支离破碎的，拥有杰出的信息整合能力及信息分析能力的人却能在有效的信息里提取关键点，从而更准确地发现问题、更快速地解决问题。

（2）交流能力和沟通能力，身处管理层的人需要和拥有不同身份、不同层级的人打交道，如果缺乏良好的人际沟通能力，就不能充分发挥自己的领导力，更无法有效率领企业各级人员去协调合作。

（3）抗压能力。身处管理层的人每天需要处理各种事物，这些事物中，各种类型的危机占据了很大一部分，比如情感危机和人际危机，等等。如果他们不能冷静地去应对，就一定会被各种压力压垮。

### 3. 创造型职业锚

拥有这一类型职业锚的人极具有冒险精神，他们在具体实践的过程中总是兴致勃勃,且创造力十足。他们热衷于创业,只要一有机会,就会努力创建自己的团队,努力研发属于自己的产品(或服务),遇到困难也百折不饶。他们孜孜不倦地学习、汲取所有有益的知识,努力发展着自己的创造能力。

4. 自主与独立型职业锚

拥有这一类型职业锚的人追求独立自主,他们不喜欢隶属于某一组织,也不喜欢为了集体目标去奋斗,他们更希望单打独斗,因此在职业选择的过程中,会更青睐那些独立性强、自主性强的职业。如此一来,他们便能根据自己的习惯和喜好去随心所欲地制定自己的工作计划,选择工作方式。

5. 安全型职业锚

这类人更愿意选择能提供保障、稳定体面的收入及可靠的未来生活的职业,通常有良好的退休计划和较高的退休金保证;也包括对地理安全型感兴趣的人和追求组织安全性的人,如到政府机关从事公务员等工作。他们服从性比较强,如果他们隶属于一家企业,会更愿意听从上司的安排。尽管有时候他们的能力超出了职位要求,一般也不会对升职有过多想法,而只是等待着上司提拔。

6. 服务型职业锚

拥有这一类型职业锚的人拥有强烈的服务意识,他们将服务大众、方便他人当作自己工作的核心,且一直在寻求帮助他人的机会,而一旦得到了这样的机会并顺利的实施,就会感到由衷的幸福和满足。

7. 挑战型职业锚

拥有这一类型职业锚的人如果在工作过程中遇到棘手的难题,反而会感到兴奋。这一类型的人工作不只是为了钱,为了交际,更重要的是,工作能带给他们一个个看似不可能完成的挑战,给他们的人生带来一段段惊险、新鲜的刺激。如果哪份工作对于他们而言挑战性不高,且工作内容重复,哪怕工资很高,他们也会产生厌倦的情绪。

8. 生活型职业锚

拥有这一类型职业锚的人不会将工作当成自己生活的重心,他们需要兼顾工作和家庭以及个人的需要,并在这三者之间达到平衡的状态。面对一份工作,他们也很注重职业环境,因为他们分外注重个人的感受,如果工作环境很糟糕,哪怕这份工作薪水很高,也不容易留住他。如果一份工作所匹配的职业环境让他很满意,哪怕这份工作没有太大的晋升空间,他们也很乐意接受并忠于这一岗位。这是因为,他们认为成功指的不仅仅是职业上的成功,完美的家庭关系、舒适的个人生活,对于他们而言也是一种成功。

## (三)职业锚的功能

个人在进行职业规划和定位时,可以运用职业锚思考自己具有的能力,确定自己的发展方向,审视自己的价值观是否与当前的工作相匹配。只有个人的定位和要从事的职业相匹配,才能在工作中发挥自己的长处,实现自己的价值。尝试各种具有挑战性的工作、在不同的专业和领域中进行工作轮换,以及对自己的资质、能力、偏好进行客观的评价,是使个人的职业锚具体化的有效途径。具体来说,职业锚无论是在个人的职业发展过程中,还是在组织的事业发展过程中,都发挥着重要的功能作用。

1. 使组织获得正确的反馈

职业锚是个人经过搜索所确定的长期的职业定位,这一搜索定位过程,依照着个人的需要、动机和价值观进行。所以说,职业锚可以清楚地反映出一个人的职业追求与抱负。

2. 为个人设置可行有效的职业渠道

职业锚能够准确地反映个人职业需要及其所追求的职业工作环境,反映个人的价值观和抱负。透过职业锚,组织可获得个人正确信息的反馈,这样,组织才可能有针对性地对其职业发展设置可行的、有效的、顺畅的职业渠道。

3. 增长个人的工作经验

职业锚是个人职业工作的定位，不但能使其在长期从事某项职业中增长工作经验，同时，职业技能也能不断增强，直接为组织产生提高工作效率或劳动生产率的明显效益。

4. 奠定中后期工作的基础

之所以说职业锚是中后期职业工作的基础，是因为职业锚是个人在通过不断的工作经验积累后产生的，它反映了个人的价值观和被发现的才干。抛锚于某一种职业工作的过程，就是自我认知的过程，是把职业工作与自我价值观相结合的过程，并以此决定中后期的主要生活和职业选择。

# 第三节　职业规划的误区

职业规划作为一种社会理念，对于当代大学生的人生道路来说，具有战略意义。规划正确，则一帆风顺，事业有成；反之，则弯路多多，曲折重重。但在做切实可行的职业规划时，一定要走出一些思想上的误区，别小看这些误区。它可能导致职业规划的失败。

## 一、将职业规划当成瞬间成功的钥匙

职业规划被很多人寄予为"瞬间成功和急速暴富"的速成钥匙。事实上，这就片面夸大了职业规划的作用。曾有专业学者以数百名大学生为对象，展开了一份调查，结果显示，绝大部分人怀有远大的职场目标，想成为市场总监、部门经理，他们信誓旦旦，认为自己五年内一定能创下不俗的业绩，或在大企业里担任要职，这部分同学占据总人数的 95％；相当多的人表示，要在不惑之年到来前赚到人生中的第一桶金，年薪过百万，这部分同学占据总人数的 77％；还有一些人发出豪言壮语，认为只要自己坚持去创业，就一定能获得行业领头羊的天使投资，十年内就能登上《福布斯》的富豪排行榜，这部分同学占据总人数的 20%。

很多人还在大学校园的时候就幻想自己未来一定会成功，在他们的语气中，职业发展道路一定是一帆风顺的，就算遇到一些小困难，也会很快解决。然而，现实往往事与愿违。他们在做职业规划的时候，总是设置过高的目标，而忽略了很多现实因素，显得过于理想化，因而导致目前择业过程中的眼高手低。

## 二、对自身的了解趋于片面

很多年轻人都处于一种盲目的状态，不知道自己的优势是什么，又有什么缺点，在某项职业上是否具有发展潜力，于是他们像无头苍蝇一样乱撞，最终浪费了很多机遇。这样的人哪怕也按部就班地做了一份职业生涯规划，却也无法拿这份职业规划去照亮自己前行的道路，因为他们对自己的了解不够深入，做出来的规划大多是纸上谈兵，无法发挥其真正的效用。

在制定自己的职业生涯规划前，大学生首先要立足于现实情况，对自我进行一个全面而深入的分析，把握"定向""定点""定位"和"定心"，这样才能保证这份职业生涯规划能在未来发挥出预期中的作用。所谓"定向"，指的是找到自己的爱好，挖掘自己的潜能，确定自己的职业方向。"定点"指的是想好职业发展的起点在哪儿，反复考虑后确定下来。"定位"指的是了解自己在社会中扮演的角色，确定自己的位置。"定心"指的是消除迷茫的状态，平稳自己的心态，时不时地调节情绪，做到胸有成竹、不慌不忙。"定向"强调的是"干什么"的问题；"定点"强调的是"何处干"的问题；"定位"指的是"怎么干"的问题；"定心"指的是"以什么样的心态去干"的问题。我们在职业生涯规划中体现出这四个基本问题，言之有物，条理清晰。

## 三、将规划等同于学习计划

职业生涯规划不是学习计划，学习计划更多的是强调如何汲取知识，汲取哪方面的知识，而职业生涯规划更侧重的是个人在工作技能方面的提升规划，如果将职业生涯规划等同于学习计划，一味去学习知识,而不提升相关技能、不去进行实践,我们预期中的职业理想目标就很难实现。我们在做职业生涯规划的时候,要将时间放长,有意识地设置阶段性的目标,在逐步尝试的过程中找到真正适合自己的岗位。

## 四、过分夸大职业规划和测评的作用

许多人过于强调职业生涯规划的重要性,其实,目前的一些职业规划更多的只注重"包装",这些是推销产品的策略,而人才规划的"产品"是人,仅做表面文章是行不通的,就是一些职业测试也终究是人为开发的系统,它不是完美的,肯定有其缺陷所在。我们只能将测试结果作为参考,而不要过分夸大其作用,甚至神话其效果。

另外,制定职业生涯规划是我们职业成长的第一步,但这并不是说,制定完了职业规划后我们就可以高枕无忧,更重要的是去逐步实施,有计划、有目标地提升自己。职业测评让你了解自己更适合哪些类型的职业,但这并不是最终目的,即使通过测评,得到一些基本评价,仍不能完全作为选择职业的依据。

## 五、等到即将毕业时再做职业生涯规划

学生对职业生涯进行规划这一现象,说明了大学生有了对职业的成熟理解。但有些学生一再拖延,迟迟不去做职业生涯规划,等到快要毕业的时候,他们才匆匆忙忙地凑出一份职业规划。在他们看来,职业生涯规划并不那么重要,等到接近毕业离开校园前再去做职业生涯规划也不迟,可这无疑是错误的看法。大学生涯是宝贵的,年轻人的时间更宝贵,想要早日实现理想中的自己,就要从今天开始努力。前文已经详细介绍了职业生涯规划的重要性,如果我们连这么重要的东西也能拖延着不去做,还怎么去为幸福的未来拼搏呢?学生从走进大学的第一天开始,就要接受有关职业生涯规划的理念,并且能在老师的指导下,逐渐形成自己的职业生涯规划。当学生在进入职场的时候,就可以避免很多盲目的行为。而如今这种严峻的就业形势已经让一些高校和学生意识到,职业生涯规划从大一就应该作为重点工作来抓。

职业生涯规划是新时期科学、有效地开展大学生就业指导工作的新举措。首先,通过职业生涯规划,大学生能更好地了解自己,从而初步找到自己的职业发展方向和确定自己的职业生涯路线。其次,高校也可以在指导学生进行职业生涯规划的时候开展一些专业性的就业指导教育。

# 第二章 熟悉自我:自我认知研究

自我认知是职业生涯规划的基础,是大学生择业意识从"我想干什么"的幻想型转变到"我能干什么"的现实型上来的过程,也就是实现择业者知行统一的过程。在职业生涯中了解自己的人将获得更多对自己生活的控制从而实现职业成功与满足。

本章围绕着自我认知研究这一主题,详细介绍了兴趣认知、能力认知、性格认知和价值观认知四个方面的内容。如果我们对自己的价值观、兴趣和技能有更清晰、更敏锐、更坚定的自我认知,就更可能解决我们的生涯问题和制定生涯决策。当你去研究自己时,你会发现哪些东西让你感兴趣、哪些东西让你产生动力并且精力充沛、你的优势和不足在哪里、什么对你是最重要的,从而全面地认识自己,寻找到适合自己的职业。

## 第一节 兴趣认知

### 一、兴趣概述

兴趣是人们最好的老师,它可以使人集中精力做事情。如果可以从事自己感兴趣的职业,大们就更能够全身心地投入工作、探索工作,在自己的工作岗位取得更大的成绩。

#### (一)兴趣的含义

兴趣,是个体以特定的事物、活动及人为对象,所产生的积极的和带有倾向性、选择性的态度和情绪。

兴趣的产生和发展有一个过程：先是有趣，它常与个体对事物的新奇感相联系；之后是乐趣，是在有趣定向发展的基础上形成的；再是志趣，当乐趣同个体的社会责任感、理想、奋斗目标结合时，乐趣便成了志趣，而志趣是取得成就的动力。兴趣是职业选择的重要依据，是取得职业成就的动力，是成功的重要保证。兴趣是事业的先导，是人积极探究某种事物的认识倾向，是人获得知识的巨大动力。我们说的"干一行，爱一行，钻一行"，就是从兴趣入手，培养对所从事专业的兴趣，热爱本职，努力钻研其中的知识，并最终在平凡的岗位上做出成绩。

本节你可以了解兴趣的内涵，探索自己的兴趣所在，通过职业兴趣测量找到自己适合的和喜欢的职业。

所谓兴趣，也称兴致，是指建立在需要基础上，带有积极情绪色彩的认知与活动倾向。它是个体积极探究他人、事物或活动的认识倾向，表现为个体对特定人物、事物、职业、活动等对象的优先选择、主动注意、心驰神往、积极探索和正性情绪。个体的兴趣不是凭空产生，而是源于自身需要并在活动中发展起来的，是推动个体生活、学习、就业和工作的巨大内在动力。兴趣的发展水平，一般被分为有趣、乐趣和志趣三个阶段。

有趣是兴趣发展的第一阶段，处于低级水平，是指由于被特定对象的某些外在现象所吸引而产生的新奇感。有趣具有注重表面、参与较少、时间短暂和体验表浅的特点，一旦特定对象的新奇感消失，原本有趣的事物就会变成无趣，兴趣也会随之消失。乐趣是兴趣发展的第二阶段，处于中级水平，是指在有趣基础上逐步定向并趋于稳定的兴趣。乐趣具有基本定向、积极参与、时间较长和体验深刻的特点，乐趣对个体在某个特定人生阶段的学习、工作与生活会发生重要影响。

志趣是兴趣发展的第三阶段，处于高级水平，是指建立在乐趣基础之上的、与个体的社会责任感、人生理想、奋斗目标紧密结合的兴趣。志趣具有方向明确、服务社会、积极自觉和矢志不渝的特点，是个体取得学业和工作业绩的根本动力，也是个体事业成功的重要保证。按照兴趣内容的不同，一般将其分为追求学习、工作、生活等外部环境与条件改善的物质兴趣，以及追求自身内在素质与能力提升的精神兴趣。

## （二）兴趣的分类

提起自己感兴趣的事情，很多人都会滔滔不绝。人的兴趣通常是很广泛的，按照兴趣的性质和内容，可将其分为两大类，具体介绍如下。

首先，兴趣可分为直接兴趣和间接兴趣，这是按照兴趣的性质分类的。所谓的直接兴趣，简单而言，就是人们对各种各样的活动的过程产生兴趣。举个例子，有些大学生对养花种菜、布置阳台很感兴趣，于是亲手去实施各种"阳台花园"的构想，而在养花的过程中，他们全神贯注，将所有的注意力都放在植物的生长上面，而且从中收获了无穷的乐趣。

间接兴趣指的是人们对活动过程所能产生的结果更感兴趣。比如，有些女孩喜欢跳健身操，于是每天都坚持不懈地去跳操，但她们主要是为了减肥，塑造更完美的身材，也就是说她们对于跳健身操的结果的兴趣远远大于跳操本身。不要将直接兴趣和间接兴趣割裂来看，其实它们是有着很强的联系的，而且会相互促进。如果只有直接兴趣，没有间接兴趣，也就意味着一直看不到结果，再有耐性的人也可能渐渐失去信心；如果只有间接兴趣，没有直接兴趣，渐渐的，再有趣的过程也变得难以坚持。只有将直接兴趣和间接兴趣有机结合起来，才能彻底地激发我们的热情，津津有味地享受动手或动脑的过程，向着目标孜孜不倦地前进。

其次，兴趣还可分为物质兴趣和精神兴趣，这是按照兴趣的内容分类的。所谓物质兴趣，指的是人们对饮食、服装、住房、出行等方面的高品质的追求。而精神兴趣指的是人们对知识素养、文学艺术等精神方面的高品质的追求。大学生处于人生的关键期，虽然相较高中时代已经过上了独立自主的生活，但三观尚未完全形成，他们很容易对物质享受产生兴趣，也很容易树立超脱的精神追求，老师和家长要对他们的物质兴趣、精神兴趣进行积极的、正面的引导，以免他们走上弯路。

## (三)兴趣的意义

兴趣是最好的老师，也是职业选择的原动力。兴趣对个体的实践活动具有重要的意义，个体在从事感兴趣的活动时，注意力会更集中、思维会更活跃、意志会更坚定、行动会更积极、情绪会更愉快。

而职业兴趣就是一个人对某种专业或职业活动的喜爱程度，职业兴趣在职业活动中发挥着重要作用。对于职业活动，往往从有趣的选择，逐渐产生工作乐趣，进而与奋斗目标和工作志向相结合，发展成为志趣，表现出方向性和意志性的特点，使人坚定地追求某种职业，并为之尽心尽力，甚至奉献终身。所以，在进行职业生涯规划时，兴趣同样会产生强大的推动作用。许多关于事业成功的研究都表明，单独考虑专业能力因素，并不能解释和预测个体职业生涯的成败，需要、兴趣、动机、价值观等情感倾向因素对个体的职业生涯适应性也有重要影响，其中，又以兴趣所起的作用为最大。华人诺贝尔奖获得者丁肇中曾说过："兴趣比天才重要。"

爱迪生、古道尔、爱因斯坦和诺贝尔等众多著名科学家事业的成功，都为兴趣在职业生涯中的重要作用提供了很好的佐证。美国某研究机构通过对两千多名著名科学家的调查研究后发现，很少有人是出于谋生的目的而工作，这些科学家中的大多数人，都是由于自己对某一领域的问题有着强烈兴趣，然后才孜孜以求、不计名利、忘我工作，并最后取得成功。

兴趣对于大学生职业生涯的影响，具体表现在三个方面。

### 1. 兴趣是大学生职业生涯选择的重要依据

一般情况下，人们都倾向于选择与个人兴趣匹配的职业，特别是在外部环境限制相对较小时，对自己的职业兴趣或兴趣类型进行正确评估，将有助于大学生的职业生涯选择。

### 2. 兴趣有利于增强大学生的职业生涯适应性

兴趣有利于激发个体的工作动机，从而促进个体能力的更好发挥，并最终大幅提升工作效率。有研究表明：如果从事自己感兴趣的职业，个体全部才能的80%至90%将得以发挥，而且可以长期保持高效率并不会感到疲劳；如果从事自己不感兴趣的工作，个体则只能发挥全部才能的20%至30%。

### 3. 兴趣可以影响大学生的工作满意度和职业稳定性

一般情况下，对于自己不感兴趣的职业，个体将很难在工作中得到心理满足，如果不考虑物质因素，个体对工作的满意程度又将成为其职业选择和转换的决定性因素。因此，大学生在进行职业生涯规划时，不能仅仅考虑其职业报酬与福利的多寡，同时还必须将个人兴趣和能力统筹起来综合考虑，才有可能取得职业生涯的成功。

## 二、兴趣与职业兴趣

职业兴趣和兴趣相比，有很多共同点，但是也有一些区别。

### (一)职业兴趣的含义

兴趣指的是个体对某一事物或领域展现出的渴望、偏好，而职业兴趣指的是人们对某种职业所产生出的渴望与偏好，其所展示的是一种职业选择与态度方面的倾向。一般而言，如果个体对某一职业或岗位很感兴趣，愿意去尝试，而其能力、素养又很符合岗位要求，我们就称之为有"职业兴趣"。比如一个语言表达能力很丰富、感染力很强的人从事销售行业，一个创作力不俗、表达欲望强烈且艺术素养很高的人从事设计行业，等等。如果人们工作的时候有很高的热情，总是兴致勃勃，且能充分发挥自己的天分和具备的技能，说明他对自己所从事的工作是有"职业兴趣"，哪怕这份工作难度不小，流程烦琐，时不时就出现问题，他也会觉得待在工作岗位上的每一天都过得很充实，乐趣无穷。也就是说，一个人拥有职业兴趣，对其所从事的职业的适应性就会很强，因为工作态度积极，工作表现也会很亮眼。

相反，如果我们对所从事的工作没有"职业兴趣"，就一定会表现得很消极。比如一个讨厌数字和烦琐计算的人从事会计行业，一个不擅长人际交往的人做着课程销售的工作，这样他们必然很痛苦，哪怕强迫自己投入工作也很难做出满意的成绩，久而久之，他们的工作积极性就会大幅下降，时不时陷入迷茫之中，不知道下一步该作何选择。

### (二)兴趣与职业兴趣的不同

兴趣与职业兴趣有很多重合的部分，却也有着本质的区别。那么，两者之间究竟有何不同呢？具体分析如下。

#### 1. 兴趣与能力

很多大学生将个人兴趣作为职业选择的唯一标准，这无疑是错误的做法。个人兴趣固然重要，但我们要在兴趣的基础上对所选择的职业进行充分的了解，包括具体的工作内容、职责范围以及所需要的知识、技能等,必须站在职业兴趣的角度上,结合"兴趣和能力"等综合因素去分析,看自己对某一职业除了拥有浓厚的兴趣外,是否还拥有必要的职业素养和技能。如果只有兴趣,而不具备能力,却固执地选择从事这一职业,最终只会耽误了自己的发展。比如,一个普通人对电影感兴趣,立志要做一名导演,却对电影行业一无所知,这种情况下,他再怎么坚持也很难成功。

### 2. 兴趣与责任

职业兴趣与个人兴趣是截然不同的,后者更主观,由私人情感做主导,前者相对而言客观一些,不仅强调兴趣,也强调责任。生活里,我们依据个人兴趣去做选择,一般情况下是没有任何问题的,而在工作过程中,我们不能完全被个人兴趣所控制,还要考虑责任的问题。无论身处哪一岗位,都要兢兢业业地工作,同时为不同的结果承担责任。

想必你也有所体会,即在日常工作过程中,我们所处理的往往不是单一的工作内容,我们打交道的人群组成也较为复杂,工作内容方面肯定有你感兴趣的部分和排斥的部分,人际关系方面也有你喜欢交往的人和较为反感的人,但我们不能因为遇到不喜欢的事就不去做,遇到不喜欢的人就不去沟通、交流,这只会阻碍我们自身的发展。"职业兴趣"要求我们在自身兴趣的基础上选择符合自身发展的工作,同时承担相应的责任。就算你目前正在处理的工作违背了你的兴趣,也要尽心尽力地完成工作,发挥出自己所有的能量。将职业兴趣与能力、责任结合起来看,就有了以下这个公式:

$$职业兴趣＝兴趣＋能力＋责任$$

总而言之,我们不能在兴趣与职业兴趣之间粗暴地画上等号,在选择职业的时候,我们要考虑个人兴趣,也要注重对自身能力的考察,并在必要的时候勇于承担责任,只有态度到位,踏实肯干,才能早日实现自己的职业目标。

## (三)职业兴趣对职业发展的影响

### 1. 职业兴趣可以提高工作效率

职业兴趣可以调动人的全部精力,使之以敏锐的观察力、高度集中的注意力、深刻的思维和丰富的想象投入到工作中去，从而有助于工作效率的提高。有资料表明，如果一个人对某份工作有浓厚的兴趣，他就可能发挥其全部才能的 80%～90%，并能长时间地保持高效率而不感到疲劳；如果一个人对某份工作缺乏兴趣，就只能发挥其全部才能的 20%～30%，且容易筋疲力尽。

2. 职业兴趣是事业成功的保障之一

一个人的兴趣、动机、感情、价值观等倾向性因素都会对其职业生涯产生影响，而这些因素中，兴趣所起的作用最大。兴趣不仅可以影响人们的职业定向和职业选择，还可以开发人们的潜能，激发人们去探索和创造。对职业有兴趣，在工作过程中就有干劲，容易投入，也容易出成绩，即使遇到不如意或挫折也能迅速调整心态继续坚持下去。如果对所从事的工作缺乏兴趣，就不能专心致志，遇到挫折也容易轻言放弃。比如，在学校里被人骂为"低能儿""傻瓜"的爱迪生，却在发明王国显示出了杰出的才能；在课堂上"智力平平"的达尔文，在大自然的怀抱里却异常聪明和敏锐。正是兴趣让这些曾被认为"愚笨"的人成了大家眼里的天才。

## （四）对职业兴趣的认识误区

明确个人的职业兴趣是职业生涯规划的重要依据之一。大学生在寻找职业兴趣过程中要避免以下几个错误观念。

1. 把简单的喜欢当作是职业兴趣

有些人看了几本小说，就认为自己应当去从事作家职业；有些人喜欢打游戏，就觉得自己应该去学计算机。而真的接触这些专业时，才发现并不适合。职业兴趣是要与将来的工作相关的，只有想清楚自己要从事什么样的具体工作，并对工作的内容、职责、性质等特点有所了解，且乐于准备可以达到工作要求的知识技能时，才谈得上是真正的职业兴趣。

2. 从事感兴趣的工作，一定很轻松愉快

做自己感兴趣的工作是快乐的，甚至可以激发工作热情，但并不一定轻松。实际上，不管何种工作，都要付出努力和辛劳才能取得成就、做出成绩。另外，有的时候坚持自己的职业兴趣，还要付出经济报酬和社会地位的代价，毕竟不是所有人都会对待遇高、地位高的职业感兴趣。

3. 只做自己感兴趣的工作

能从事自己有兴趣的职业是每个人的理想，但职业选择除了兴趣以外，还要综合考虑性格、能力等问题，这也是理想与现实的差距和矛盾。有调查显示，有 60％多的大学生正在就读自己不喜欢的专业，有 50％的职场人正在做着自己不感兴趣的工作。

但由于各种原因，大家也只能面对现实。因此，很多人需要在现实中追求自己的理想，立足于现实，把自己所不喜欢的工作做好，并在这个过程中培养兴趣、积累技能、寻找新的机会。这种"曲线救国"的方式，也未尝不可。

# 第二节　能力认知

生活中，我们常常有这样的体验：如果被安排处理那些很难完成的工作，而且在处理过程中遇到很多额外的困难，那么我们在执行的过程中一定会愁眉苦脸、怨气冲天，这本质上因为这份工作大大超出了我们能力范围，由此引发出了我们很多的坏情绪。相反，如果一份工作我们很轻松便能完成，我们就能得到愉悦的情感体验，也很容易发挥出自己的潜能，从而超额完成任务，这是因为我们的能力和工作要求相匹配。正因如此，个人能力与职业技能要求的适配度是很重要的。

## 一、能力概述

### (一)能力的含义

能力就是指顺利完成某一活动所必需的心理条件，是直接影响活动效率，并使活动顺利完成的个性心理特征。能力总是和人完成一定的活动联系在一起的。人的能力是在活动中形成、发展和表现出来的。能力按照其获得的方式（先天具有与后天培养），可以分为"能力倾向"和"技能"两大类。能力倾向是指上天赋予每个人的特殊才能，如音乐、运动能力等，是与生俱来的，不过也有可能因未被开发而荒废，因此，这是一种潜能。

能力和兴趣是两个截然不同、相互独立的概念，兴趣表明你喜欢某事，表达了你的偏好，而能力表明能做某事，即你胜任与否。还有一个与能力相关的重要概念，就是自我效能感。所谓自我效能感，是指个人对自己的能力，以及运用该能力将得到何种结果所持的信心或把握程度。研究发现，在实际生活和工作中，对个人行为起决定作用的往往不是实际能力的高低，而是个人的自我效能感。

## （二）能力的分类

### 1. 才能和天才

人类所具有的能力在不同人的身上体现出不同的发展程度，据此可以将能力划分为才能和天才这两类。比如说，一个人具备了写作所需要的丰富的词汇量和预感，遣词造句的能力很强，可以说这个人具备写作才能。一个人不仅具备了杰出的写作才能，有难以克制的写作冲动，各种心理条件都达到完美结合，而且在写作事业上创下了不菲的成就，为人类文学事业献上了浓墨重彩的一笔，这样的人堪称天才，比如卡夫卡、王尔德、苏轼、李白都可以称之为写作天才。

### 2. 一般能力和特殊能力

观察拥有不同技能的人，我们会发现，能力又有着不同的结构，据此可以将能力分为一般能力和特殊能力。所谓一般能力，指的是我们平常人也拥有的智力。而特殊能力指的是智力之外的某些专业技能，这些技能适用于特定的活动、领域，比如计算能力、编程能力、音乐能力等。

### 3. 认知能力、操作能力和社交能力

人类所拥有的技能并不是单一的，它涉及不同的领域，据此可以将能力划分为认知能力、操作能力和社交能力这三类。所谓认知能力，其

实就是智力，也就是我们自学和汲取知识的能力。操作能力指的是我们控制自己的肢体去完成某种活动的能力，比如裁剪能力、打篮球、踢足球等。社交能力包括语言表达能力、协调能力、管理能力等，指的是我们从事社会交往的能力。

4. 模仿能力、再造能力和创造能力

能力在不同人的身上体现出不同的创造程度，据此可以将能力划分为模仿能力、再造能力和创造能力。所谓模仿能力，顾名思义，指的是个体学习、复制他人言行的能力。再造能力指的是个体在已有的程序或者模型的基础上掌握重点知识、技能的能力。创造能力指的是个体摒弃既有的模式和固定的程序，按照自己的想法开发新模式、挖掘新的规律、掌握知识技能的能力。

我们每个人都有自己擅长的能力，有的人擅长多项特殊技能，便有了属于自己的一套能力系统。为了客观地认识、评价自己的能力，我们需要了解以上能力分配，只有加深对自己的综合认识，才能准确地找到更适合自己的职业方向。

## （三）能力的影响因素

个体所拥有的能力受到多方面因素的影响，具体介绍如下。

1. 先天素质

人类拥有的先天素质会促进后天的能力发展，离开天生具备的素质，后天的能力增长便是无稽之谈。举个例子，天生目盲者根本无法进行绘画活动，有阅读障碍的人也很难成为出色的写作者。可见，素质对能力会产生很大的影响，虽然它无法直接决定能力。好的素质会让能力发展的程度更高，有其作为基础，后天的能力发展就会事半功倍。

2. 后天积累的知识与技能

我们在成长过程中所积累的知识与技能也是影响我们能力发展的最重要的因素之一。知识是人类过往的生产生活方面的经验与教训的结晶，一般以思想内容的方式呈现，人类也以此去掌握不同类型的知识。技能指的是具体的操作技术、步骤，一般以行为方式的形式呈现，人类以此去掌握不同领域的技能。后天能力的形成离不开知识这一理论基础，而能力的发挥、实践又以技能为基础。我们学习不同类型的知识和技能，这一过程中也在潜移默化地增加了不同类型的能力。能力越高，其后期所能掌握的知识也就越高深，技能也就越复杂，同时学习速度也越快，所花费的时间就越小。可见，知识、技能和能力这三者之间有着相辅相成的关系，同时又互为掣肘，虽然它们之间的发展并不完全同步。也就是说，没有一定的能力，就很难去学习较为复杂的知识和技能；而知识与技能的掌握程度越高，也会导致能力越来越高。

### 3. 在校教育、家庭教育和社会教育

回忆一下，我们是如何掌握知识与技能的？大多是通过课堂学习的方式，由老师引领，一步步进入知识的殿堂，了解、掌握不同领域的技能。除了在校教育之外，还包括家庭教育和社会教育，也会对我们能力的发展起到深远的影响。比如，上学之前，有父母教会我们各种知识点和生活技能，这是家庭教育。进入职场后，有上司、同事教会我们工作技能、人际交往的技巧，这是社会教育。教育在个体的智力发展和能力发展中起着主导作用，尤其是在个体的成长阶段，而当我们进入社会后，也要有意识地接受职场教育和培训，积极学习多种知识和技能，并尝试在实践中运用。

### 4. 各种社会实践

能力的形成与发展还有一个至关重要的因素，那就是实践活动。光学习、汲取，而不去运用、实践，能力就成了纸上谈兵，发挥不了一点作用也就谈不上发展了。在现实生活中，不同的实践活动有着不同的要求，向人们发出不同的挑战，通过这些时间活动，我们才可以巩固知识和技能，并清楚地认识到自己还有哪些不足，从而针对性地去弥补自己的薄弱环节，这样一来，个体能力就得到了最大程度的发展和提高。

### 5. 人的主观努力

想要获得梦想中的荣誉和掌声，就一定要通过主观的努力。在求学阶段，如果我们不刻苦学习，不主动去争取每一个学习的机会，就很难获得知识和技能上的进步。古往今来有很多伟大的人，他们可能从事的领域截然不同，却都有着勤奋的特质，都会积极面对人生，努力和困难、挫

折作斗争,如果他们缺乏主观的努力,根本没法成为一个杰出的人,也不可能在历史上留下印记。

## 二、职业能力

### (一)职业能力的含义

职业能力是人们从事某种职业的多种能力的综合。例如,作为教师只具有语言表达能力是不够的,还必须具有对教学的组织和管理能力,对教材的理解和使用能力,对教学问题和教学效果的分析、判断能力等。如果说职业兴趣能决定一个人的择业方向,以及在该方面所乐于付出努力的程度,那么职业能力则能说明一个人在既定的职业方面是否能够胜任,也能说明一个人在该职业中取得成功的可能性。

### (二)职业能力的类型

由于职业能力是多种能力的综合,因此,我们可以把职业能力分为一般职业能力、专业能力和综合能力。

1. 一般职业能力

一般职业能力主要是指一般的学习能力、文字和语言运用能力、数学运用能力、空间判断能力、形体知觉能力、颜色分辨能力、手的灵巧度、手眼协调能力等。此外,任何职业岗位的工作都需要与人打交道,因此,人际交往能力、团队协作能力、对环境的适应能力,以及遇到挫折时良好的心理承受能力都是我们在职业活动中不可缺少的能力。

2. 专业能力

专业能力主要是指从事某一职业的能力。在求职过程中,招聘方最关注的就是求职者是否具备胜任所应聘的岗位工作的专业能力。例如,你去应聘教学工作岗位,对方最看重你是否具备最基本的教学能力。

3. 综合能力

这里主要介绍国际上普遍注重培养的"关键能力",包括这四个方面：跨职业的专业能力、方法能力、社会能力和个人能力。所谓跨职业的专业能力，指的是一个人横跨多项学科、拥有多种专业技能。所谓方法能力，指的是过滤、搜集、提取关键信息的能力，针对某项工作制定计划并予以实践的能力，以及正确认识、评价自我的能力等。所谓社会能力，主要指的是个体善于交流和沟通、善于团队合作的能力。所谓个人能力，指的是个体的社会道德感和责任感，以及在工作过程中所展现出来的踏实肯干、细致敬业的工作作风和雷厉风行、当机立断的解决问题的能力。

## 三、大学生职业能力提升

### （一）大学生的职业核心能力

大学生的职业核心能力包括自我评价的能力、适应社会的能力、自我决策能力、实践操作能力和表达能力。先来说说大学生自我评价的能力，大学生只有正确认识自己，了解自己的职业倾向和潜力，才能保证之后的职业道路少一点磨难。而大学生适应社会能力也很重要，学生生涯和职场生活是截然不同的，如果大学毕业后无法迅速融入社会生活，就很容易产生消极不安的情绪，错过最佳发展时期。

大学生的自我决策能力指的是大学生独立制定工作计划，独立解决难题、完成工作的能力。在社会上打拼，大多数人都是孤军奋战的，遇到难题，如果你不能独立思考，快速做出决定，就很容易被问题击垮。所以，我们在平时就要有意识地锻炼自己自我决策的能力。

行动力强、动手能力强的大学生往往有着不俗的实践操作能力，他们能将课本上的知识转化成真实存在的物质资料。如果个体实践操作能力较弱，就很容易在职业发展过程中受挫，也很难发挥自己的价值。尤其是那些处在教学、科研、生产第一线的人，要有意识地锻炼自己的实践操作能力。比如，作为一名教师，只有丰富的知识是不够的，还要有把自己的知识传授给学生的能力，因此，大学生应注意克服只注重理论学习，轻视实践操作的倾向。一个大学毕业生如果对各项活动的实践操作驾轻就熟，就很容易找到称心如意的工作。

表达能力是指运用语言阐明自己的观点、意见或抒发感情的能力，主要包括口头表达能力和书面表达能力。个人要想让别人了解你、重视你,更好地发挥自己的才能,其前提就是要有表现自己的能力,要准确表现自己,就离不开出色的表达能力。比如撰写求职信、自荐信、个人材料,回答招聘人员提问,接受用人单位的面试等,每一个环节都需要较强的表达能力。

## (二)大学生如何有效提升职业能力

针对当今的就业形势,大学生应当依据各自特点有选择地培养职业能力,注重实践性、操作性技能的培养,在实践中锻炼自己的动手与创新能力,并充分利用学校里的教育资源,抓住机遇;从各种渠道吸收知识和方法,开阔视野,接触众多领域,找到自己的兴趣所在;注重理论联系实际,培养独立思考与解决问题的能力,学会自修之道,深入理解知识体系,懂得融会贯通和举一反三。

### 1. 提高专业能力

掌握专业的基本概况和发展动态。在学好专业前,应该多向老师、学长、前辈们请教,多通过图书馆、资料室等查阅相关资料,了解专业基础课、专业课程、主要技能、行业发展现状、发展趋势和就业方向等,只有做到心中有数,在学习专业的过程中才能做到有的放矢。

(1)学好专业基础课。专业基础课包括理论基础课和专业技术基础课,唯有打好基础,才能进行更深层次的学习。比如,我们学习弹奏钢琴之前,一定要学习相关乐理知识,哪怕它再枯燥无味,我们也要尝试着去理解、消化这部分的内容,我们也要学习钢琴的基础演奏技巧,并在课下一遍遍去练习,直到将每个基础的指法都熟记于心。

(2)学好专业必修课程。专业必修课是指某专业必须学习掌握的课程。此类课程是保证培养专门人才的根本。另外,大学生可以根据自己的爱好、就业意向、人才市场需求等,综合考虑,挑选出专业必修课中的主要理论知识和实践技能,通过协助导师完成课题、进行暑期社会实践和兼职等形式来加深对专业必修课中的主要理论知识和实践技能的掌握程度。

### 2. 提高非专业能力

(1)非专业素质是基础

想要提高专业素质,先得提高自己的非专业素质,如何理解这句话呢？比如，很多企业在招聘员工的时候虽然很在乎学生的学历背景、技能证书，却也很注意考察员工的抗压能力、环境适应能力和自我表达能力，这些能力都属于非专业素质的范畴。很多情况下，拥有这些能力甚至比拥有一些专业素养更有用。举个例子，有名大学生的外语水平很高，最终凭借傲人的学历背景和出色的外语水平被一家知名外企所录取，然而，在工作过程中，公司管理层却发现这名新员工的心理素质很差劲，遇到一点压力就会情绪崩溃，导致工作无法正常开展。于是，在综合考量之下，这名新员工最终没有通过试用期。

（2）增加社会实践，强化个人爱好

社会实践方面，大学生活是一个五彩缤纷的世界，各种社团异彩纷呈，大学生应该在认识自我的基础上，参加一到两个学生社团来锻炼交际能力、沟通能力、表达能力、组织管理能力，在活动参与过程中要注意气质的培养、形象的塑造。另外，平时还要利用课余时间、节假日来加强演讲、口才、社交、礼仪、管理学、心理学等理论知识的学习，做到理论与实践相结合。个人爱好方面，歌曲、舞蹈等是社会交往的必备，也是招聘单位考查大学生的重要方面，因此大学生应该有意识地培养几个爱好，并强化训练，特别是针对自己的薄弱环节，弥补自己才艺方面的不足，不少才艺是完全可以在短期内培养出效果的。

（3）注重品格培养，塑造迷人风采

大学生的非专业品格，由道德品格、健康品格和文化品格三方面来展现。

①道德品格的培养。没有规矩不成方圆。大学生，作为国家的公民，应该培养自己遵守公民基本道德规范，这是实现人生价值、奉献社会的基础。公民基本道德规范中最重要的是诚信守法、尊重他人、关心社会、热爱生命，博大的胸怀、诚信的品格和高尚的追求等道德品质无论对于做人还是立业而言都是必需的。道德品格不是与生俱来的，要靠接受教育，要靠理性的力量，更要靠大学生本人的身体力行。古人云："勿以恶小而为之，勿以善小而不为"，作为大学生，就应该下决心严格要求自己，用几年时间把自己培养为一个道德高尚的人。

②健康品格的培养。健康不是一切，但没有健康就没有一切。现代意义的健康品格，已经不仅仅局限于身体，还包括心理，更包括对社会环境的适应，能够与别人和睦相处、和谐生活。生活中，有竞争就有成与败，做选择就会有得与失。心理的不健康无非就是忧成败、患得失。大

学生应该在加强身体锻炼的同时，自强不息，多向先进学习，向优秀学习，严格要求自己，树立正确的世界观、人生观，做到我们中国人所说的仁者不忧、勇者不惧。

③文化品格的培养。文化品格是指一个人接受和继承人类文明成果的广度与深度。几千年来，人类科学的、技术的、哲学的、文学的、艺术的成就博大精深、浩瀚如海，在现在这样一个知识经济时代，最糟糕的、带有侮辱性的称谓，莫过于"没有文化"。大学生应该珍惜青春，通过图书馆、网络等媒介如饥似渴地汲取文化营养，充实自己的人生。

# 第三节　性格认知

## 一、性格概述

### （一）性格的含义

性格是个体对现实的稳定态度和习惯化行为方式，是人与人之间相互区别的重要方面。具体而言，性格是在后天的成长经历中慢慢形成的，受到生理、遗传、家庭教养、文化、学习经验等很多因素的影响，形成后会比较稳定，是一个人在生活中对人、对事、对自己、对外在环境所表现出来的一致性因应方式。

性格在个体中具有核心作用，它的许多特征反映了这个人道德品质的好坏，此外还对个性其他方面（如气质能力等）具有制约和调节作用，并在一定程度上掩盖和改造气质。

我们用右手签名非常自如，但用左手明显别扭费劲，举这个例子是想告诉大家，人有擅长的一面，也有不擅长的一面，没有好坏或对错。我们只有清楚了解自己性格上的"左右手"，并选好相适应的职业环境，才能做出最佳的职业选择。

## (二)影响性格形成的因素

有关研究表明,影响性格形成的因素主要有以下几点。

### 1. 生理特征

人的身高、体重、体型、外貌等生理特征,由于易受到人们的评论,对性格形成有很大影响。例如,在同学们中间个子显得特别矮小、身体过胖者,容易产生自卑感。生理上有缺陷的残疾人,性格一般都比较内向。

### 2. 家庭教育

家庭是人社会化的第一个社会单元,家庭教育对子女的性格发展有着重要的作用。苏联心理学家科瓦列夫曾经作过一个很长时间的性格追踪研究,考察一对同胞胎姐妹的性格发展情况。这一对孪生姐妹,在生理条件方面极其相似,从小学到大学接受同样的教育。但当她们成人后,竟然发展成性格截然不同的两个人:姐姐办事果断、主动、善于交际;妹妹只是追随、服从。究其原因,原来是祖母从小就把一个定为姐姐,另一个定为妹妹,并要求姐姐照顾妹妹,对其负责,这样,姐姐就较早地形成了独立、果断、主动的性格。

### 3. 学校教育

它包括教师的榜样教育、课外活动教育和班集体教育。可以说,一位好教师同样会对学生一生的发展产生不可估量的影响,而好的班风、集体中良好的心理气氛对每一个成员性格的形成也会产生很大的作用。

### 4. 文化传统

每一个国家、民族都有自己的风俗习惯、文化传统和特殊的行为方式、规范,这对性格的形成和发展有着无形的影响。随着各国科学技术的交流,生活方式和风俗的相互渗透也会越来越多。同时,各民族都比较注意维护、保存自己文化传统中的优秀的东西,其中当然包括一些共性的民族性格特征。

## 二、职业人格的分类

很多年轻人离开学校，按部就班地走上工作岗位的时候，都会产生一个感想——如果能成为自己感兴趣的行业中的一员，并实现个人的理想，那真是莫大的幸运。在人的各种实践活动中，有了兴趣作主导，人们得到的乐趣将大大增加。当今社会所拥有的职业种类很多，我们如何去寻找自己感兴趣的职业呢？为了解决这一难题，相关学者根据自己的研究将庞杂的职业按照一定的标准划分为几大职业群，却设置了配套的兴趣量表。其中较为著名的有美国心理学家霍兰德的相关理论。

### （一）霍兰德六种人格类型

1. 社会型（S）

共同特征：表达能力较强，话语间的说服力和感染力强，喜欢结识新的人脉关系，愿意将自己的知识和经验传授给别人。有着强烈的社会道德观念，定期关注社会新闻，对社会热点问题有自己的看法，渴望履行社会义务，发挥自己的社会价值。

典型职业：喜欢面对大众或人际交往极其频繁的工作，从事提供信息、启迪、帮助、培训、开发或治疗等事务，并具备相应能力，如教育工作者（教师、教育行政人员）、社会工作者（咨询人员、公关人员）。

2. 企业型（E）

共同特征：有着杰出的领导和管理才能，对生活品质有着较高的要求，热衷于追求社会地位、物质财富以及一定的支配权。事业心重，争强好胜，敢于冒险，目的性强。生活中很稳重务实，通常以金钱、利益得失等来衡量价值。

典型职业：喜欢要求具备经营、管理、劝服、监督和领导才能，以实现机构、政治、社会及经济为目标的工作，并具备相应的能力。如项目经理、销售人员、营销管理人员、政府官员、企业领导、法官、律师。

3．常规型（C）

共同特点：工作过程中一丝不苟、兢兢业业，十分注重细节，责任心很重。服从性比较强，只要是工作需要，就乐于牺牲自己的私人时间。对于法律、规章制度等极为尊重，日常生活中言行保守、谨慎。

典型职业：这一类型的人倾向于选择那些系统性、条理性强，对细节要求较高的工作，自身所具备的能力也符合岗位要求。比如行政助理、办公室人员、编辑、图书馆管理员，等等。

4．实际型（R）

共同特点：愿意使用工具从事操作性工作，动手能力强，做事手脚灵活，动作协调。偏好于具体任务，不善言辞，做事保守，较为谦虚。缺乏社交能力，通常喜欢独立做事。

典型职业：喜欢使用工具、机器，需要基本操作技能的工作。对要求具备机械方面才能、体力或从事与物件、机器、工具、运动器材、植物、动物相关的职业有兴趣，并具备相应能力。如技术性职业（计算机硬件人员、摄影师、制图员、机械装配工），技能性职业（木匠、厨师、技工、修理工、农民、一般劳动）。

5．研究型（I）

共同特点：是思想家但并非实干家，抽象思维能力强，求知欲强，肯动脑，善思考，不愿动手。喜欢独立的和富有创造性的工作。知识渊博，有学识才能，不善于领导他人。考虑问题理性，做事喜欢精确，喜欢逻辑分析和推理，不断探讨未知的领域。

典型职业：喜欢智力的、抽象的、分析的、独立的定向任务，要求具备智力或分析才能，并将其用于观察、估测、衡量、形成理论、最终解决问题的工作，并具备相应的能力。如科学研究人员、教师、工程师、电脑编程人员、医生、系统分析员。

6．艺术型（A）

共同特点：有创造力，乐于创造新颖、与众不同的成果，渴望表现自己的个性，实现自身的价值。做事理想化，追求完美，不重实际。具有一定的艺术才能和个性。善于表达、怀旧、心态较为复杂。

典型职业:喜欢的工作要求具备艺术修养、创造力、表达能力和直觉,并将其用于第三语言、行为、声音、颜色和形式的审美、思索和感受,具备相应的能力。不善于事务性工作。如艺术方面(演员、导演、艺术设计师、雕刻家、建筑师、摄影家、广告制作人),音乐方面(歌唱家、作曲家、乐队指挥),文学方面(小说家、诗人、剧作家)。

值得注意的是,其实现实生活中很少人是只拥有一种性向的,很多人都是同时具备好几种性向,比如,研究型的人可能也具备艺术型的特点。对此,霍兰德解释到,一个人身上所具备的性向越相似、雷同,那么其在选择职业时,内心的挣扎与纠结就越少。

## (二)六种类型的内在关系

霍兰德所划分的六大类型,并非是并列的、有着明晰的边界的,六大类型的关系如下。

(1)相邻关系,如 RI、IR、IA、AI、AS、SA、SE、ES、EC、CE、RC 及 CR。属于这种关系的两种类型的个体之间共同点较多,现实型 R、研究型 I 的人就都不太偏好人际交往,这两种职业环境中也都较少机会与人接触。

(2)相隔关系,如 RA、RE、IC、IS、AR、AE、SI、SC、EA、ER、CI 及 CS,属于这种关系的两种类型个体之间共同点较相邻关系少。

(3)相对关系,如 RS、IE、AC、SR、EI 及 CA,相对关系的人格类型共同点少,因此,一个共同人同时对处于相对关系的两种职业环境都兴趣很浓的情况较为少见。

人们通常倾向选择与自我兴趣类型匹配的职业环境,如具有现实型兴趣的人希望在现实型的职业环境中工作,可以最好地发挥个人的潜能。但职业选择中,个体并非一定要选择与自己兴趣完全对应的职业环境。一则因为个体本身常是多种兴趣类型的综合体,单一类型显著突出的情况不多,因此评价个体的兴趣类型时也时常以其在六大类型中得分居前三位的类型组合而成,组合时根据分数的高低依次排列字母,构成其兴趣组型,如 RCA、AIS 等;二则因为影响职业选择的因素是多方面的,不完全依据兴趣类型,还要参照社会的职业需求及获得职业的现实可能性。因此,职业选择时会不断妥协,寻求与相邻职业环境、甚至相隔职业环境,在这种环境中,个体需要逐渐适应工作环境。但如果个体寻找的是相对的职业环境，意味着所进入的是与自我兴趣完全不同的职业环境，则我们工作起来可能难以适应，或者难以在工作时觉得很快乐，相反，甚至可能会每天工作得很痛苦。

## （三）霍兰德职业兴趣理论的价值分析

霍兰德经过长期的探索和实践，最终提出了职业兴趣理论，并精心编制了职业兴趣的测查工具——职业兴趣量表，使得人们对职业兴趣的认识有了翻天覆地的变化。到目前为止，霍兰德职业兴趣理论都被认为是最具影响力的职业发展理论和职业分类体系。

### 1. 对于企业招募人才的价值分析

在现实社会中，有多种多样的职业可供我们选择，"职业"一词，说起来简单，但其内里的含义却是较为复杂的，与其对应的职业兴趣作为一种心理特点，就显得更为特殊了。因为成长背景、生活经历不同，每个人都有着自己的职业兴趣，而这些兴趣间往往有着很明显的差异。另外，随着社会发展，社会分工越来越细化，规范越来越严格，职业划分也变得越来越细，各种职业间重合的部分减少，差异的部分增多，其对个体的吸引力和要求也就迥然不同。另一方面，由于个体有着不同的职业兴趣，所选择的职业类型也有着很大的不同。不同职业、工作岗位所要承担的社会责任、工作内容和风格、职责范围、考评机制等差别都很大，也就是说，不同职业对员工的职业兴趣要求也不同。现代人力资源管理的基本原则是人尽其才，即综合考虑个体的优劣势和潜力，据此去分配其工作岗位。

有经验的企业管理者都知道，唯有人与职位相匹配，才能充分调动人的主观能动性，激发起其工作热情。而人与职位的匹配指的不仅是个体的知识文化素养、所掌握的技能符合其所从事的岗位的要求，还指个体天生的性格契合岗位特点，个体的兴趣也正好被岗位所容纳。这给予企业的启示是，在每季度招聘新员工时，最好对应聘人士进行相关职业兴趣的测评，对应聘人士的职业兴趣和人格类型做深层次的了解。应聘人士中符合本企业的职业要求、适应本企业的职业环境的人择优录取。可见，在霍兰德的职业兴趣理论的指导下，企业能大大减少招聘员工过程中的盲目性，顺利招募到合适的新人，而通过职业兴趣的测试，企业还能将不同的员工安排到最适合他们发展的岗位上，达到人与职位完美契合。

2. 对于职业选择和职业成功价值的分析

大学生毕业后进行职业选择的时候，职业兴趣是最重要的参考因素之一，它能帮助大学生们找到正确的职业道路。运用职业兴趣测验，我们能较为清晰地弄明白自己的性向，从而将自己的能量投入到最符合心意的活动情境中。

霍兰德理论告诉我们，个体对某一行业有着明确的职业兴趣，在从事这一行业工作的时候，一般情况下满意度会较高，反之，则较低。我们想要最大程度地发挥自己的优势和潜力，从而获得良好的业绩，就要去从事和自己的职业兴趣类型相匹配的职业。如果一直勉强自己，在不适合自己的工作岗位上硬撑着，你的工作积极性只会越来越低，也很难做出更好的成绩。职业兴趣测试是我们检测自我职业兴趣类型的好帮手，通过它，我们能有效避免职业选择中的诸多不合理的行为。如果你是一名大学生，或者初入职场、比较缺乏职场经验，不防仔细研究霍兰德的职业兴趣理论，全面挖掘、综合分析自己的职业能力和潜力，努力做好职业选择和职业设计。

3. 职业性向探索

使用霍兰德职业性向量表与大家一起进行职业性向探索。本测量表将帮助你发现和确定自己的职业兴趣和能力特长，从而更好地做出求职择业的决策。如果你已经考虑好或选择好了自己的职业，本测验将使你的这种考虑或选择具有理论基础，或向你展示其他合适的职业；如果你至今尚未确定职业方向，本测验将帮助你根据自己的情况选择一个恰当的职业目标。

霍兰德提出了四个基本假设。

其一，人的个性大致可分为六种类型：实际型、研究型、艺术型、社会型、企业型和常规型。

其二，所有职业均可划分为相应的六大基本类型，任何一种职业大体都可以归属于六种类型中的一种或几种类型的组合。

其三，人们一般都倾向于寻找与其个性类型相一致的职业类型，追

求充分施展其能力与价值观，承担令人愉快的工作和角色，职业也充分
寻求与其类型相一致的人。

其四，个人的行为取决于其个性与所处的职业类型，可以根据有关
知识对人的行为进行预测，包括职业选择、工作转换、工作绩效以及教育
和社会行为等。

在这四个基本假设的基础上，霍兰德提出了六边形模型，如图 2-1
所示。在图中，六边形的六个角分别代表霍兰德所提出的六种类型。六
种类型之间具有一定的内在联系，它们按照彼此间的相似程度定位，相
邻两个维度在各种特征上最相近，相关程度最高。距离越远，两个维度
之间的差异越大，相关程度越低。

根据六边形模型来理解，最为理想的职业选择就是个体能找到与其
个性类型重合的职业类型，即人职协调。这时，个人最可能充分发挥自
己的才能并具有较高的工作满意感。

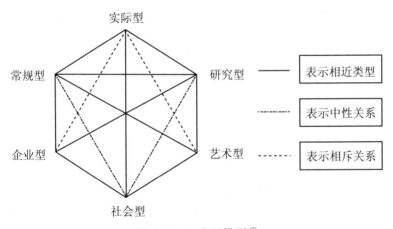

**图 2-1　六边形模型**[1]

如果个人不能获得与其个性相重合的职业，就应寻找与其个性类型
相近的职业。由于两种类型之间有较高的相关系数，个人经过努力和调
整也能适应职业环境，达到人职协调。最差的职业选择是个人在与其个
性类型相斥的职业环境中工作。在这种情况下，个人很难适应工作，也
不能感到工作的乐趣，甚至无法胜任工作，是人职不协调的匹配方式。

---

[1]　胡伯龙．大学生职业生涯规划［M］．长春：东北师范大学出版社，2015.

总之，个性类型与职业类型的相关程度越高，个人的职业适应性越好；相关程度越低，个人的职业适应性越差。因此，六边形模型有助于人们更好地理解和进行职业选择。

# 第四节　价值观认知

## 一、价值观概述

### （一）价值观的含义

价值观是指个人对客观事物（包括人、物、事）及对自己的行为结果的意义、作用、效果和重要性的总体评价，是对什么是好的、是应该的总看法，是推动并指引一个人采取决定和行动的原则、标准，是个性心理结构的核心因素之一。它使人的行为带有稳定的倾向性。

本质而言，价值观是一种心理倾向体系，拥有自己完整价值观倾向的人就能根据自己的理解去区别好坏、明辨是非。人与动物最大的不同是，人有丰富的感知力和选择的权利，而动物只能被动地接受。动物不能像人一样规划自己的未来，选择自己的职业，体会不同事物对自己的意义，而拥有不同价值观的人也有着不同的体验、不同的目标和选择。

作为人的动机与行为模式的先决条件，价值观在人的中低层次需求以及自身的愿望、动机等方面具有决定和调节的作用。首先，人的价值观决定了需求，又受制于需求，两种需求存在一定的差别，前者是指后天需求，包括人的理想、追求、目标、欲求等，后者在后天需求的基础上还有先天需求，比如生存环境——降临在不同环境、不同背景（如文化背景、家庭背景）下的人有着不一样的需求，而这些需求是先天条件决定的，不受主体掌控。因此，人的价值观首先建立在主客观条件引起的需求基础上，在得以确立之后，则能够反过来影响人的进一步需求。在各种人处于各种环境下遭遇的各种生存或生活过程中，不一样的生活、生存环节在不同个体心目中有着不一样的地位和价值，对此，每个人都有一个轻重分明的排序，我们将这种排序反映出来的价值取向称之为价值观。需求决定了价值观，价值观在需求的基础上又加入了个性化的理解和安排，加入了人生观、世界观的影响，因此，我们可以这样说，一个人的价值观是从出生以前就奠定了基础，并在出生以后漫长的成长过程中不断完善和健全的，在这个过程中，其所处的社会以及社会的生产方式、经济地位的影响，具有决定性地位，且因为这些因素的影响根深蒂固——从婴幼儿时期便开始了——导致一个人的基础价值观几乎是不可逆转的。价值观是区分人类个体个性的重要因素，虽然不能作为一个人行为动机的全部，但具有不同价值观的人的确会在同一件事上产生不一样的态度和行为。

每个人出生在不同的家庭里，有着不同的教育背景，处在不同的成长阶段，他们的阅历各不相同，兴趣爱好也迥异，这种情况下，不同的人对同一种职业可能有着不同的评价，当然，这种评价是主观的。站在社会角度而言，不同的职业有着不同的劳动性质，劳动难度和强度也各不相同，在劳动条件和待遇等诸多问题上都存在着差异，这些因素都会对于职业价值观造成不同程度的影响。于是，有的职业给人感觉是好的、地位高的，有的职业给人感觉是坏的、地位低的，而这种感觉也会影响到人们的职业选择。

一个人的价值观足以支配一个人的行为，影响他对于世界和他人的态度，影响他对于未来的信念，而价值观也给人自认为正当的行为提供充足的理由。那么多的价值取向，足以扰乱我们的双眼和心智，唯有树立正确的心理倾向体系，才能找到属于自己的正确道路。而本书中，我们着重讨论的就是工作价值观，简单而言，工作价值观就是你最期待从工作中获得的东西。

## （二）价值观的特征

第一，每个人的价值观都不同，这与其成长环境、人生经历等因素息息相关。在不同的成长环境中，人们慢慢形成了自己的价值体系。而在类似的条件下，价值观不同的人通常有着不同的选择标准和行为模式。

第二，价值观一旦形成，就会保持较为稳定的状态，不会轻易改变。价值观的形成过程是极其缓慢的，随着人们对世界、社会、自身的认识不断加深，其价值观也不断变得丰富、复杂，最终形成于某个时间段。我们一旦形成了较为丰富、具体的价值观念，便会遵从价值观去行事，不会轻易改变行为模式。

第三，价值观虽然较为固定，却也并非一成不变。因为人生是处于动态变化中的，到了特定的环境下，随着阅历和见识越来越丰富、开阔，人们的价值观也有可能发生改变。

## 二、价值观与职业的关系

职业与价值观关系密切，如果两者能够很好地匹配，那么，它具有以下几方面的作用。

（1）降低工作压力。

（2）提升士气。

（3）提高工作效率。

（4）赢得他人的合作。

（5）学会尊重他人。

（6）充满成就感。

（7）成长与成熟，分清事情的轻重缓急。

当你有了价值观的排序，你会发现自己作决策时更加坚定准确。罗伊·迪士尼曾经说过，"如果你不确定你的价值观，你简直无法作决策。"每一件事情都要面对取舍，你想要追寻高薪和名声、助人的机会、增加职业安全感，还是更加独立？你也许每样都想要，但是鱼与熊掌不可兼得，你必须做出取舍。最好的方式就是在你的核心价值观的帮助下评估每一个选项，同时需要评估当下环境中，哪一个选择对你更加重要。总之，价值观提供了"什么对我最重要"这个问题的判断准则。谈到你的职业生涯，没有什么比搞清楚这个问题更重要了。愿你像莎士比亚所说："忠实于自己，追随于自己，昼夜不舍。"

## 三、自我价值观探索——WVI 自测

怎样才能认清你的职业价值观呢？你对什么活动或社会环境越积极、越充满热情，就说明你越看重它。现在有没有什么事情让你感到兴奋或者不悦？有没有什么活动让你充满了力量？生活中有没有什么情

境让你不得不去做件特定的事情？所有的这一切都体现了你的价值观。

舒伯于 1959 年制定了《工作价值观量表》（Work Values Inventory，WVI）用以衡量工作中和工作外的价值观以及激励人们工作的目标。在大量的试验和调查基础上，舒伯总结出人们的工作价值观大体分为13 种。

具体而言，每一种价值观都有对应的需求，同样也有对应的职业领域。相关介绍如下。

### （一）利他主义

坚持利他主义的人工作的价值感在于为人民谋福利，正直刚强、大公无私。这样的人适合从事医生、教师、社工、公务员等工作，因为这些工作岗位一般是开放面向大众的，每天都有很多机会去帮助那些急需帮助的人。站在行业的角度来看，这样的人可以进入教育医疗、公益等行业，无论在这些行业中担任怎样的职位，都可以贡献出自己的一份力量，为了人民的幸福发光发热。需要注意的是，很多怀有利他主义价值观的人因为太过热心无私，有时候会损伤自己的利益去帮助别人，最终导致自己陷入窘境之中。如果你也是这样的人，不妨先关注自身，等自己强大后，再去帮助更多的人。

### （二）审美

有着强烈的审美需求的人工作的动力是为了发现更多的美的东西，以得到更多精神享受。这样的人通常有着更高的艺术感知力，创作欲望强烈，适合从事这一方面的工作，比如电影编剧、文案策划、新媒体编辑、产品设计等。这样的人最好选择与艺术和设计相关的行业，比如家庭装饰、室外建筑、动画、电影、广告等。如果你也是这样的人，需要记住的是，追求美感并不意味着你必须具有深厚的艺术功底，也不意味着你一定要直接从事艺术方面的工作。在日常工作中，如排版一份文档，或者修改一个产品的细节，你都可以发挥自己的主动性，将美感融入每天的工作中。

### （三）智力刺激

在工作过程中极其重视智力刺激的人会不断开动脑筋思考，面对新鲜事物总是抱着浓厚的兴趣，学习主动力强、计划性强，善于挑战自我。这样的人比较适合从事产品开发、咨询顾问、专业研究、律师等工作，这些工作总会出现各种各样的问题，需要不断学习新知识、积极开动脑筋才能逐步解决。从行业方面来看，这样的人适合进入前途光明但起步较为困难的新兴产业或曙光产业，比如新能源、IT 等高新技术、理财规划等，这些行业往往蕴藏着极大的挑战，能给重视智力刺激的人设置一道道"关卡"，一旦成功闯关，便能让他们获得极大的满足感。

## (四)成就感

在工作过程中重视成就感的人积极努力的目的就是为了获得领导和同事的赞扬，取得梦寐以求的成就，或不断实现自己当初的职业目标。这样的人适合从事销售、研发、生产、开拓市场等工作，因为这些工作每个季度的指标、业绩完成度一目了然，这些数据会给他们带来莫大的安慰，如果数据达不到预期，也会给他们极大的刺激和动力。需要指出的是，这样的人不太适合加入事业单位，每天做着既定的工作，面对单调、稳定的人际关系，可能会让他们积极性受挫，他们适合加入民创公司或创业公司，每天处理越来越多的富有挑战性的工作，获得周围人的肯定与赞扬，依靠自己的能力取得更高的薪酬和福利，这样的工作状态让他们很享受。

## (五)独立性

在工作过程中重视独立性的人会按照自己的节奏去做事，而不会随大流，他们往往会设置属于自己的工作计划，总结出一套带有个人烙印的工作方法，轻易不会受到外界的干扰。这样的人比较适合从事技术类工作，或者培训师、咨询师等工作，在工作过程中充分发挥个人专长，积累了足够的经验后也可以逐渐成为某一方面的专家或顾问。这样的人适合加入较为自由开放的创业公司，只要能力足够突出，独立行事也可以被人理解。但他们不适合待在国企、事业单位，拿国企来说，独立性太强，不顾及周围同事、领导的看法可能会遇到挫折，甚至被孤立。

## (六)社会地位

重视社会地位的人希望从事那些能获得较高威望、被人们所尊崇的工作,他们工作努力,希望以此获得社会主流的认可,并逐渐积累社会财富,实现阶段跃升。这样的人适合从事公务员、大型企业中高层员工、大学教师等工作。如果你也是这样的人,那么你适合的组织类型主要有政府机关、事业单位以及规模较大的公司等。你适合的行业类型主要有金融、文化教育、IT/互联网等。值得注意的是,社会的观念是会随时间改变而变化的,每个年代人们所看重的东西都不同,坚定自己的信念,找到自己认可的价值才是最重要的。

### (七)管理

重视管理的人在工作中极其看重支配权,他们希望能通过自己的调配保持人和事物的有序性,通过一些条规、制度去杜绝漏洞和错误。这样的人比较适合从事管理类职务,可以进入企业或政府工作。如果你也对管理有着强烈的追求,也可以尝试去自己创业,自己打理自己的公司和事业,能为你带来很高的满足感。

### (八)经济报酬

重视经济报酬的人找工作的一大标准就是高薪,他们不断精进自我工作技能,积累人脉,希望能获得更好的工作,拥有足够的财力去维持自己理想中的生活。这样的人适合从事高薪行业,或者时间较短回报较高的工作,比如互联网从业人员、金融从业人员、销售、讲师等。如果你也是这样的人,需要注意的是,千万不要频繁更换行业,不要频繁辞职,工作上的任何变动都需要经过深思熟虑,而且,只要你好好投资自己、提升自己,等自己有了足够的实力后,就一定能获得预期薪酬。此外,你最好多多关注职业的隐形报酬。

### (九)社会交际

重视社会交际的人希望能通过工作编织更丰富的人际关系网,积累更多有效人脉。这样的人比较适合从事能建立广泛社会联系的工作,比如记者、导游、猎头、销售等。在行业方面,如果你也很重视社会交际,可以尝试进入媒体、广告、会展等行业、为了积累高质量人脉,你也可以尝试进入大型公司、电视台等工作。

## （十）安全感

追求安全感的人比较喜欢稳定性的工作，他们不喜欢变动，包括工作环境、工作内容、人际关系等方面的变动。如果你也是这样的人，那么，重视安全感的你适合进入政府、事业单位或者大型国企等组织，这些单位都能加强你内心的安全感。你不适合进入小型民企或创业公司，因为这些公司所处的市场环境变化较快，公司员工流动性较大，会让你感到不安。

## （十一）工作环境

重视工作环境的人在意的是生活品质，不希望工作占据自己所有的生活，所以在找工作的时候，会重点考虑前往单位的工作环境，看是否符合自己的需求。如果你也是这样的人，那么，重视舒适的你适合从事行政管理类的工作。这类工作流程明确，作息规律，能满足你对舒适的要求；与业务直接有关的工作并不适合你，因为业务部门的工作压力往往要大于支持部门。从组织类型上看，你适合进入大型外企、国企、政府、事业单位等，这些组织无论是工作环境、办公条件一般情况下都能满足你的需求。一些大型互联网公司的工作环境也非常舒适，一定程度上能满足你对舒适的需要。但是由于互联网公司工作压力较大，时常加班，所以是否进入需要你仔细权衡。

## （十二）人际关系

重视人际关系的人希望能遇到正直、和善的领导和同事，他们重视人与人之间的相处，认为高质量的相处能带来更高的工作效率，也会让心灵得到莫大的满足。这样的人适合进入员工普遍年龄相仿、气氛自由活泼的公司，在这样的组织中，人际交往通常较为和谐融洽。拥有这种价值观的人不太适合进入企事业单位，因为这些组织较为严肃古板，上下级职责分明，人际关系一般也很复杂。需要强调的是，在所有职业价值观中，其实绝大多数人都很看重人际关系这一点，但在选择职业时，我们不能只看重人际关系，还要综合考虑其他因素。而且，只要我们多多注重人际交往方面的技巧，掌握这方面的经验，那么无论是去哪家公司工作都能很好地解决这方面的难题。

## (十三)多样性

追求工作内容多样性的人相对而言比较喜欢绚烂、精彩的生活，不喜欢一成不变的工作环境和工作内容，如果工作过程中出现新鲜的人、事、物，反而会很兴奋。这样的人适合从事广告设计、游戏策划、互联网产品开发之类的工作。从行业方面来看，如果你也对多样性有着特殊的追求，那么就比较适合进入一些正处于蓬勃发展期的朝阳行业，这些行业内的工作充满了不确定性，会让你时不时产生新鲜的感觉。那些有着固定工作内容、流程烦琐单一的工作并不太适合你。值得注意的是，大多数职位在初级阶段都会经历重复枯燥的过程，当积累了一定经验之后，你将会负责更多新的任务，工作就会变得丰富多彩起来。

# 第三章　付诸实践:大学生职业生涯规划的制定与实施

职业生涯规划的制定是大学生职业生涯规划中的重点部分,也是当代大学生最为困惑的一部分。因为大学生缺少社会实践的历练,面对变化莫测、挑战与机遇并存的职场一方面充满着好奇与幻想,另一方面又充满恐惧。针对这一现实问题,应帮助学生制定科学的职业生涯规划,使学生能够立足长远,为实现成功的人生奠定良好的基础。然而仅仅有职业目标和规划是不够的,更重要的是如何实施,从而使其帮助大学生达到职业目标。大学生职业发展规划的实施阶段,也就是大学生由一名学生向职业人的过渡。要实现个人职业生涯规划,最重要的是要做好并实施好大学阶段的大学生涯规划。未来有很多不确定的因素,是大学生难以把握和控制的,但是对自己的大学生涯却是可以把握的。把握了现在,把当前的事情做好了,未来职业发展目标的实现也就水到渠成了。

## 第一节　大学生职业生涯规划的制定

### 一、影响职业生涯规划的因素

影响职业生涯规划的因素是多方面的,有个人性格能力等主观方面的因素,也有社会环境、家庭环境以及行业环境等客观方面的因素,它们相互关联、相互依靠,共同影响职业规划。这就好比盖房子所需要的支撑篱笆的桩,如果你去掉任何一块所需的桩,整道篱笆就会改变形状,有时甚至会出现篱笆倒塌的情况。值得注意的是,不管是主观要素还是客观要素都可能会成为你决策的障碍,而障碍往往是阻碍你对所有可能性选择做充分考虑的因素,因此我们必须要在制定职业生涯规划前将影响因素考虑地尽可能全面,从而使个体的职业生涯规划的更合理,将来能够更好地为实践提供指导作用。

对于一些大学生来说,你今后想要从事的职业却是你能力所不具备的;对于一些大学生来说,他们所受的教育所学的专业并非自己的兴趣爱好所在,只是当初由于种种原因迫于无奈所选择的;对于一些特殊大学生来说,可能是他们的健康状况束缚了对自己喜爱的职业选择。因此,在进行职业生涯规划时我们要仔细考虑影响自己职业生涯的每一个因素,只有将这些因素都考虑周全了,你所制定的职业规划才能更加地具有可行性,才能更好地为你的实践做指导,为你的成功奠定基石。

影响职业生涯的因素大致可以分为自身因素和环境因素两大类,也就是我们经常所说的主客观因素共同进行影响。

## (一)影响职业生涯发展的自身因素

自身因素包括性格、兴趣、能力、职业理想、职业的价值观、身心状况、年龄、性别、学历、经验、薪资期望,等等。

我们都曾经听过一句耳熟能详的话"性格决定命运",性格在我们的职业乃至一生中都会起到很大的作用。一般把性格分为外向型和内向型两类:外向型是关注自己如何影响外部环境,将心理能量和注意力聚集于世界和与他人的交往上;内向型是关注外部环境的变化对自己的影响,将心理和注意力聚集于内部世界,注重自己的内心体验。我们在进行职业规划时要充分考虑自己的性格是否适合未来的职业,如果你的性格是属于外向型,那么像销售这一类需要良好的人际交往能力的岗位可能会更加得心应手。

### 1. 气质

气质是人的典型的稳定的心理特点,心理学中一般分为胆汁质、多血质、黏液质和抑郁质四种。胆汁质具有很高的兴奋性和较弱的抑制力,能够以极大的热情投身于事业,克服在达到既定目标道路上的重重困难。多血质的人对事业有浓厚的兴趣,能够持续很长的时间,但是如果工作受挫或需要付出艰苦努力时,热情就会锐减。黏液质的人能够严格遵守既定的生活秩序和工作制度,固定性有余而灵活性不足。抑郁质的人能够与别人很好地相处,胜任别人的委托,能够克服困难,但优柔寡断,面临危险情势紧张、恐惧。这四种气质在工作中各有利弊,没有好坏之分。所以,在制定职业生涯规划前需要每个人在认识到自己的优缺点后,适当地进行扬长避短。气质虽然分为四种,但是一般的人都是好几种气质的混合。也就是说在这几种气质中,一般人只是更倾向于其中的一种,在选择职业上,气质特点往往会影响人的职业选择和发展。

2. 兴趣

人们常说,兴趣是人类最好的老师,兴趣对职业生涯的规划影响巨大。不同的人兴趣不同,同一个人也有多种不同的兴趣。个体所表现出的注意力、好奇心、欲望等都可以是兴趣表现形式,而且兴趣具有一定的动态性,个体的兴趣并不是一成不变的,兴趣以认知为前提,若我们对某件事物或者某项活动没有认识,也就当然不会对它有情感,因而不会对它有兴趣。反之,认识越深刻,情感越炽烈,兴趣也将越浓厚。在制定职业生涯规划时应当充分挖掘出个人的兴趣点所在,将自己的兴趣点与职业生涯规划联系在一起,必将对未来的成功起到事半功倍的效果。

3. 能力

职业发展和具有卓越能力之间有直接关系。能力可分为一般能力和特殊能力两大类。一般能力通常又称为智力,包括注意力、观察力、记忆力、思维能力和想象力等,一般能力是人们顺利完成各项任务都必须具备的一些基本能力。特殊能力是指从事各项专业活动的能力,也可称为特长,如计算能力、音乐能力、动作协调能力、语言表达能力、空间判断能力等。例如,建筑师往往具有较强的空间感,运动员和舞蹈家的肢体协调能力较强,公关人员的人际交往能力较强等。由此可见,能力是一个人完成任务的前提条件,是影响工作效果的基本因素。因此,大学生应当从分析自身的能力出发,判断自己所擅长的领域,了解自己的能力倾向及不同职业的能力要求对合理地进行职业规划具有重要意义。

4. 职业理想

职业理想决定的是你将来所选择的这个职业对实现理想是否有最

大的支持,通俗地讲就是在你追求职业理想过程中的动力源泉。很多大学生还没有职业理想,他们只有一些生活理想、社会理想(如帮助更多的人)。此时,我们可以将生活理想换算为一般等价物——钱,然后依据其要获取的收入来筛选职业。但是需要我们注意的是,除了职业理想可以直接影响我们选择一个具体职业外,诸如生活理想社会理想等都只能左右我们选择的行业,这是一个大方向的影响。

5. 职业价值观

职业价值观在人们的职业生涯发展中起极其重要的、决定方向性的作用,甚至往往超过了兴趣和性格对我们的影响。当现实与职业规划有矛盾冲突,或妥协与放弃时,常常也是出于价值观的考虑。很少有工作能够完全满足一个人所有的重要价值观,生活中亦是如此。因此,我们总是要不断地做出妥协和放弃。所以需要对自己的价值观进行清晰的认识,我们可以通过排序的方法对其进行选择,从而得出如何取舍。

6. 健康

健康的身体是革命的本钱,健康也是职业生涯的基础,没有健康的身体,职业生涯规划也只能成为空谈。不仅如此,职业适应也与身心状况有内在的关系,有的职业要求视力、身高、体重;有的职业要求反应敏捷。

7. 年龄和性别

年龄和性别对职业生涯规划的影响也不容忽视。对工作的态度和看法、对机会尝试的勇气、对胜任任务的能力和经验,不同的年龄表现都有所不同。性别平等概念和真谛在于任何人都有自由选择属于自己职业的权力,但是在就业市场中性别平等却往往难以实现,如人民警察的招聘条件中大多都限制只有男性才能报考。因此,在初期制定职业生涯规划时年龄和性别也是应该考虑的因素。

8. 心态

心态是影响个人职业生涯的重要因素,主要表现在以下几方面。

（1）进取心与责任心。进取心是使个体具有目标指向性和适度活力的内部能源，认真而持久的工作是个体事业成功的前提，而具有进取特质的个体会较一般人更容易获得成功。责任心强的人常能够审时度势选择适度目标，并持久地、自信地追求这个目标，责任心强的人容易事业成功。

（2）自信心。自信为个体在逆境中开拓、创新提供了信心和勇气，也为他人的怀疑和批评提供了信心和勇气，自信的人常常使自己的好梦成真。没有信心的人会变得平庸怯懦、顺从、自卑。喜欢挑战战胜失败突破逆境是自信心强的特点。

（3）自我力量感。虽然人的能力有先天性的成分，存在差别性，但只要个体具有中等的智力，再加上善于总结经验、教训，善于改进方法和策略，经过主观努力之后，许多事情是能够完成的。因此，我们要锻炼自身的主观能动性，将其发挥作用。

（4）自我认识和自我调节。了解自己的优势和短处、认识自我与组织环境的关系善于调节自己的生涯规划，学习时间等。

（5）情绪稳定性。稳定的情绪对技术性工作有预测力。冷静、稳定的情绪状态为工作提供了适度的激活水平。焦虑和抑郁会使人无端紧张、烦恼或无力，恐惧和急躁会使人忙中出乱。

（6）社会敏感性。对人际交往的性质和发展趋势有洞察力和预见力，善于把握人际交往间的逻辑关系。行动之前要思考行为的结果，设身处地想一想他人的处境，体察他人的感受。

（7）社会接纳性。在承认人人有差别和有不足的前提下接纳他人。社会接纳性是建立深厚的个人关系的基础。

（8）社会影响力。有以正直和公正为基础的说服力，有使他人发展和合作的精神，有一致性的耐力。善于沟通和交流。具有自信心、幽默等对情感的感染力，镇静、沉着等对行为的影响力，仪表、身姿等对视觉的影响力，忠诚、正直等对道德品德的感染力。

## （二）影响职业生涯发展的环境因素

### 1. 社会环境因素

社会环境主要是指经济发展水平、社会文化环境、政治制度和氛围、价值观念以及社会的政治、经济体制等。社会环境因素决定了社会对社会职业岗位的数量结构层次等要求;社会环境因素决定了人们对不同职业岗位的接受、赞誉或贬低的程度,决定了个人选择职业生涯的基本方式、开始职业生涯后的基本态度以及由此引起的个人职业生涯的变化。

**2.家庭环境因素**

家庭作为最基本的社会单元,对每个人的心理发展都产生重要的影响,毫无疑问,家庭是孩子的第一所学校,父母是孩子的第一位老师。大多数人从小就在家庭的环境中感受其父母的职业活动,一般情况下,我们每个人都对各自的家庭成员特别是父母的职业比较熟悉。大学生进行择业时,或多或少地会受到家庭环境因素的影响,过去的"接班"制度就说明了这一点。随着年龄的增长,个人的生涯决策或多或少建立在家庭成员共同协商的基础上。兴趣有时也受遗传的影响,父母的兴趣也会对孩子有直接的影响。

原生家庭对于大学生的性格塑造和价值观的形成影响极其深远,父母的教养方式、是否单亲、生源地的因素都是影响大学生生涯规划的因素,且家庭经济状况对生涯规划也有一定的影响。富裕的家庭能给大学生在生涯规划时提供充裕的物质基础,使得个体在生涯规划时有更多、更自由的选择空间和机会;而家庭经济一般的个体,在生涯规划过程中受到的约束要更多一些。

**3.职业因素**

中国有句老古话:"三十年河东,三十年河西。"这也说明,职业稳定的概念是相对的。现在即使被认为是"铁饭碗"的公务员系统,也有淘汰机制。所谓的不稳定,不是职业的不稳定,而是企业、单位和行业的不稳定。因此,在进行职业生涯规划时,应对职位工作内容、就职者资质要求、对就职者的评价标准以及就职者的薪资待遇等的详细信息要有充分了解,并且在行业现状和发展趋势的背景下判断岗位与个人的匹配度。

**4.他人需求因素**

个人职业发展是一个复杂的、动态的、不确定的过程,不是单一的、静止的概念,而应是用动态的观念去理解。职业生涯影响因素的相互关系可概括为知己、知彼、抉择。在职业生涯规划中,"知己"就是自我认识和自我了解;"知彼"就是熟悉环境,特别是与职业生涯发展有关的环境。

职业生涯规划的目标一定是符合现实的、可实现的,脱离现实的目标仿佛是空中楼阁,徒有其表,却没有实现的可能;个体需要积极培养对所从事的职业的兴趣和能力,而不是被动去接受,一定是能够自然地适应工作的环境,而不是处处难以生存。

## 二、制定职业生涯规划的主要原则

正确的职业生涯规划能使一个人走上成功之路,不正确的职业生涯规划可能使个人误入歧途。因此,在制定具体实施方案前,我们首先应该明确制定职业生涯规划的大体原则。

### (一)主体性原则

主体性原则是做好职业生涯规划应当始终遵循的原则,也是最重要的原则。职业生涯规划的制定是一项完全个性化的任务,因人而异,因每个人的个体特点的不同,其相应的职业生涯规划的制定也不同,并没有统一的定式,需要结合个体的具体特点进行设计。

我们通常在进行职业生涯规划之前,第一个必需的步骤就是需要对个体进行准确的评估,这其中不仅要对个体的内在素质,如知识结构、能力倾向、气质和性格等个性特征和职业喜好等进行全面的测评,而且要对个体外部的职业环境和职业发展资源等进行系统的评估。既考虑个体的职业发展动机,又考察其成功的可能性,从而为个体设定相应的职业发展目标和具体的发展规划。

### (二)可操作性原则

每个人在不同的阶段都有自己的目标和计划,但并非每个人都可以实现自己的目标,完成自己的计划,甚至有人根本不知道自己是否完成了计划,这就取决于自己所制定的目标和计划是否具有可操作性。职业生涯规划是为个体设定达成理想目标的规划步骤,因此,这些内容本身应该是具体明确的,具有实际的可操作性,不能仅仅是一句空洞的口号。

一般情况下，可以从现实性、可行性和可检查性三个方面来检测大学生职业生涯规划是否可行。所谓目标的现实性，是指个体目标的设定应该建立在个体现实条件的基础上与社会需求相结合的基础上，是对个体与社会现实资源的真实评估和科学预期，是可以达到的目标，而不能仅仅是个体为了追新逐异或好高骛远的空想。

所谓计划的可行性，就是指为个体制定的计划是非常具体的，每一个阶段有职业生涯规划制定的特点，大学生可以按学年为阶段设置不同的计划，大学一年级主要是对职业生涯规划的初期认知，大学二年级初步确定毕业方向以及相应能力与素质的培养，大学三年级应该有计划地掌握求职技能，为择业做好准备，而到了大四（或大五）时就是成功将自身推销出去，成功就业，每一阶段的计划都应该是依据个体的现有能力可以完成的行动计划。

所谓效果的可检查性，指的是职业生涯规划的结果是可以量化的，是符合检测标准的。

## （三）动态性原则

对个体的职业生涯发展来说，人生的不同阶段承担着各自的发展任务，需要解决能力与自我探索的发展问题。因此，制定职业生涯规划也应该结合个体的阶段特征，确定具体的发展方向，制定动态性的发展目标与每一步的发展计划。在现实与最终目标之间设定一个个的阶段性目标，同时兼顾短期目标、中期目标以及长期目标。职业生涯就像爬一座高山，山路有比较平缓的路段，也有特别崎岖的路段，但每一个阶段都是必须经历的，所走的每一步都是向着山顶更靠近一步。

作为大学生来说，大学的学制一般为 3～5 年，在每一学年中，大学生的学习重点与心理特征还有目标任务都有所不同。根据这一自然的年限划分，大学生可以按学年为阶段设置阶段目标和规划，根据每一阶段的特点，制定自己的职业生涯规划，并按照每个阶段的不同目标和自身成长特点，制定一些有针对性的实施方案。

下面以本科四年制大学生的职业生涯规划实施方案为例，提供大学生职业生涯规划实践，供大家更加直观地了解制定职业生涯规划中的动态性原则。

有留学深造打算的同学应该早做准备，努力提高自己的外语水平，并通过相关的语言技能考试，时刻关注教育部门发布的留学政策和考试资讯。当人们的行动有了明确目标的时候，他们能够把行动与目标不断加以对照，并根据现实中所出现的新情况不断地修正自己的职业生涯规划，将职业生涯规划的制定处于一个动态性的基础上。

### （四）前瞻性原则

前瞻性原则是指为个体设计职业生涯规划时，不仅仅局限于个体当前的发展，而且要考虑到个体未来的职业发展空间，即制定职业生涯规划要有超前性和预测性。因此，制定职业生涯规划应该基于影响职业发展的核心因素和本质因素，而不是表面现象进行。职业生涯规划需要与时俱进，大胆地对行业、职业进行前瞻性的预判。从将适应个体长期发展的角度制定职业生涯规划。因此，制定职业生涯规划时，个体首先需要从实际情况出发，根据不同的阶段特征，制定具体可行的职业生涯发展规划。在个体自身条件或外界环境发生改变时，需要及时地进行修正，从而使其符合客观实际。

## 三、大学生职业生涯规划制定过程中的困境

职业生涯规划是一个自我评估和目标设置的持续过程。凡事预则立，不预则废，系统的职业生涯规划和成功的职业生涯之间有很大的关联。然而，当前大学生在职业生涯规划方面存在生涯规划意识不强、自我认识能力较弱等问题，而目前高校在生涯辅导方面也存在着辅导内容肤浅、辅导形式单一等现象。

### （一）职业生涯规划认识意识薄弱

即将面对择业的大学生处于人生的关键时期，如何制定职业生涯规划，如何选择适合自己的职业关系到大学生今后的职业发展。因此，生涯规划意识对大学生的职业生涯发展显得尤为重要。但是，目前很多大学生仍然很迷茫，缺少职业生涯规划意识，个别高校也忽视对大学生的引导与培养。具体表现为缺乏对职业生涯的基本认识，生涯规划意识比较薄弱，通常在面临择业时才匆忙询问老师、家长的意

见,希望他们告诉自己该选择哪个行业,哪种类型的工作。据调查,尽管大部分学生都会考虑自己的前途或工作,但只有不到8%的被调查者表明自己在考虑工作,同时已经在实施计划。由此可见,目前我国大学生普遍职业生涯规划意识不强,对自己职业选择考虑较少,职业发展路径不明确。

不过,随着近些年来社会就业压力的增大,就业形势日趋严峻,从社会、学校到学生本人已逐渐认识到职业规划的重要性,各高校的就业指导中心通过开设大学生就业指导课程和讲座以及举办创业大赛等活动,逐步增强了学生的职业规划意识。有学者对北京大学、清华大学、重庆大学、长江师范学院等20所不同地区高校的1 284名2014届应届本科毕业生进行职业生涯规划意识调查的结果显示,大学生职业生涯规划意识的总体得分为3.82(总分为5分),表明当前大学生对职业生涯规划的认识较之过去有了很大的提高。研究同时发现,女生的职业生涯规划意识高于男生,理工科和经济管理类学生的规划意识高于人文社科类学生,农村学生的规划意识高于乡镇学生和省城学生,有工作经验学生的规划意识高于没有工作经验的学生,担任过学生干部学生的规划意识高于未担任过学生干部的学生。

## (二)职业目标脱离实际

大学生在校期间以及在未来的职业发展过程中,所定目标应该符合自己的实际,不可好高骛远、想入非非。有一位大学三年级的理工科学生,该学生的职业目标非常清晰:在高二时就已经做好了本科毕业时去国外留学的计划,而且要直接攻读有奖学金的博士学位,但在大一大二期间由于家庭和自身的原因,学习成绩不是很好,即使在后两年努力学习,也很难达到申请国外博士学位所要求的课程成绩,因此比较痛苦。

显然,这位学生的目标设定有点过高,根据其实际情况很难实现。他应该调整自己的目标设定,比如可以在毕业时申请攻读国外或国内名校有奖学金的硕士学位。进入职场后,特别是初入职场时,在职业目标设定时更应脚踏实地、一步一个脚印,应该从基层做起,就业目标定位不能过高,不能过于理想化,否则,当目标不能实现时,就会不断受挫,自信心不断下降,怀疑自己,徒增烦恼。

### （三）缺乏清晰的自我认知

希腊德尔福的阿波罗神庙中刻有一句箴言："你要认识你自己。"自我认知就是个体对自己的觉察、评价和期望。个体的自我认知一般是自己依据自身过去成功或失败的经历，根据外人对自己行为的反应，并把自己的行为和他人的行为进行比较而形成，它是个体发挥主观能动性的基础。正如成功学大师希尔所言："一切的成就，一切的财富，都始于自我认知。"但在现实生活中，大学生经常自我分析不足，不能正确地审视自己。

《中国大学生就业》杂志和新浪网的大学生职业生涯规划情况调查显示，只有12％的大学生了解自己的个性、兴趣和能力；18％的大学生清楚自己职业发展面临的优势和劣势。很多学生对自己"喜欢的工作是什么？""技能专长是什么？""优势弱点有哪些？""机会、威胁有哪些？"没有准确清晰的认识，没有全面、深入、客观地分析和评价自身的智商、情商、学识、兴趣、性格、爱好、特长、社会关系等个体的基本特点、智能和社会资源，以至于有些大学生只看自身缺点，心灰意冷，信心缺乏，择业时态度消极，不积极争取；有些大学生只看自身优点，趾高气扬，自命不凡，择业时期望过高，好高骛远。这些都使个体不能在知己长、知己短、知己能为、知己不能为的基础上进行职业目标的确定，不能正确地进行职业生涯规划。

### （四）职业沟通能力不强

大学生在就业过程中，除了自己突出的才能、优秀的品质和过硬的专业知识外，现实表明，良好的沟通能力是大学生走向成功就业的通行证。张尔升的调查发现，71.29％的大学生认为沟通很重要，48.99％的大学生认为沟通能力训练非常必要。进行沟通能力的自我评价后，40％的大学生对自己的沟通能力不太满意。所以孔子说："言不顺，则事不成"。

但是，在现在的大学生群体中，很多学生是独生子女，家庭情况较好，在家受到家庭成员和亲戚朋友的百般呵护，一旦在外求学遇到些许问题就认为是天大问题不能解决。有些同学以我为中心，养成了自私、冷漠的坏脾气，难以很好地与人沟通；有些同学性格孤僻，凡事压抑在心里,不愿与他人沟通交流;有些同学喜欢追求各种时尚、个性过于张扬,难以融入群体,集体意识缺乏。

有鉴于此,大学生自身和学校之间应该注意培养良好的沟通能力。例如,可以开设培养沟通能力的相关课程,通过课堂传授沟通方面的知识,为提高学生的沟通能力奠定理论基础,为今后的职业发展做必要的准备。此外,还应大力培养学生的集体意识、合作意识和团队精神,让学生在集体中强化交流,消除偏见,宣泄情绪,提高沟通能力。学校还应大力加强心理健康教育,让学生克服沟通中的心理障碍,培养大学生宽容、热情、善良、自信、理解等良好品格,克服沟通障碍,成为受用人单位欢迎的人。

### (五)职业价值取向有失偏颇

价值取向是指个体在面对或处理问题时所表现出来的基本价值倾向和采取的行动准则。职业选择与发展行为也会受到职业价值取向的影响。随着社会的发展和市场经济的建立,大学生在择业时追求经济因素、追求实惠和功利化的价值取向日趋明显,不同程度地存在着挑城市、选单位、讲条件、要福利、讲待遇等非理性的现象。

## 四、大学生职业生涯规划制定的步骤

一份完整有效的职业生涯规划应包括自我识别与测评定位、职业环境分析、职业目标的确定、实施策略与措施和反馈调整五个步骤。职业生涯规划步骤流程如图 3-1 所示。

### (一)自我识别与测评定位

大学生职业生涯规划应该立足于自我识别与测评定位,进行科学合理的自我识别与测评定位是大学生制定职业生涯规划方案的前提。大学生只有真正地认识自我、了解自我,对自身的能力和优势有客观、真实的判断,才能够制定出最科学合理的、最有利于自身前途和发展的职业生涯规划。如果不从自身出发,不进行自我识别与测评定位,而盲目制定出的职业生涯规划是行不通的,不切合实际的。

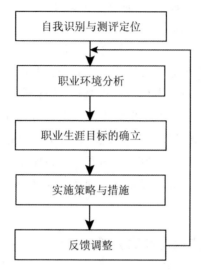

**图 3-1　职业生涯规划步骤流程**

　　大学生应该从性格、能力、爱好、特长等个人因素入手，从实际出发，客观地进行自我识别和测评定位。简言之，要弄清我是谁？我想做什么？我能做什么？在自我识别的基础上，更重要的是通过科学测评来准确定位，避免自己一厢情愿。据统计，在选错职业的人当中，有80％的人在事业上是失败者。如何才能选择正确的职业呢？至少应考虑以下几点：性格与职业的匹配；兴趣与职业的匹配；特长与职业的匹配；内外环境与职业相适应。当然，一个人对自己的认识往往是片面的，所以在自我识别和定位中还应善于听取他人的意见。

### （二）职业环境分析

　　毋庸置疑，大学生职业生涯发展在很大程度上会受到职业环境因素的影响。常言道，"环境塑造性格，性格决定命运"，职业环境制约大学生今后的职业生涯的发展，每一个人都处在一定的环境之中，离开了这个环境，便无法生存与成长。作为社会生活中的个体，我们只有顺应职业环境的需要，趋利避害，最大可能地发挥个人的优势，才能实现个人目标。所以，在制定个人的职业生涯规划时，要分析环境条件的特点、环境的发展变化情况、自己与环境的关系、自己在这个环境中的地位、环境对自己提出的要求以及环境对自己有利的条件与不利的条件等。

环境因素主要包括：组织环境、政治环境、社会环境、经济环境。即要评估和分析职业环境条件的特点、发展与需求变化的趋势、自己与职业环境的关系以及职业环境对自己的有利条件和不利因素等，以便不断地调整自己适应职业环境的变化和要求。要弄清自己在这种职业环境条件之下，究竟能干成什么。这样你的职业生涯规划才会切实可行，而不至于流于空泛。

## （三）职业生涯目标的确定

目标就像人生的灯塔，没有目标就像在海里航行的轮船失却了灯塔的指引而迷失方向。大学生在制定个人职业生涯规划的时候，首先需要确立职业生涯的目标，就是为了实现某种职业生涯目标，进而获得自己理想的生活，所以目标抉择才是职业生涯规划的核心。

在制定职业生涯规划时，首先要确立职业目标，这是制定职业生涯规划的关键，也是职业生涯中最重要的一点。

根据实现周期的长短，可以将职业生涯目标划分为短期目标、中期目标、长期目标和人生目标，各个目标不是完全割裂的，是相互联系的。一般情况下，可以首先根据个人素质与社会大环境条件，确立人生目标和长期目标，然后通过目标分解，分化成符合现实和组织需要的中期、短期目标。目标的设定，是继职业生涯路线选择后，对人生目标做出的抉择。其抉择是以自己的最佳才能、最优性格、最大兴趣、最有利的环境等信息为依据。

## （四）实施策略与措施

所谓职业生涯实施的策略与措施，是指为实现职业生涯目标而制定的行动计划，在我们确定职业生涯目标后，就要制定相应的行动方案来实现它们。行动便成了关键的环节，这就如同设计我们攀登目标的阶梯。实施策略措施要具体可行，容易评估。这里所指的行动，是指落实目标的具体措施，主要包括工作、训练、教育、轮岗等方面的措施。例如，为达成目标，在工作方面，你计划采取什么措施，提高你的工作效率；在业务素质方面，你计划学习哪些知识，掌握哪些技能，提高你的业务能力；在潜能开发方面，采取什么措施开发你的潜能等，都要有具体的计划与明确的措施，并且这些计划应特别具体，以便于定时检查。

## （五）反馈调整

大学生制定职业生涯规划并不是一劳永逸的，需要根据实际情况及变化不断地做出调整。由于市场、经济、社会等外部环境是复杂多变的，个人的兴趣、能力、价值取向等因素也不是固定不变的，因此，制定好的职业生涯规划需要根据各种因素的变化不断做出修正与调整。影响职业生涯规划的因素诸多，有的变化因素是可以预测的，而有的变化因素难以预测。从这个意义上说，反馈调整就是一个再认识、再发现的过程。

# 五、职业生涯规划书的撰写

## （一）职业生涯规划书的内容

### 1. 自我探索

自我探索指正确地认识自身的素质和条件，一般包括兴趣、能力、性格和价值观认知四部分。在自我探索中，人们首先从感觉自我的存在出发，搜集有关自我的各种信息，通过对自我信息的加工处理形成对自我形象的描述，构成有关自我的图像，对自我是一个什么样的人形成比较全面的认知；在认识自我的基础上思考自己应该成为什么样的人，或者应该走什么样的路。大学生可以通过自我观察了解他人对自己的评价，运用相关测试软件等方法探索。

### 2. 环境探索

环境探索是指结合自己的专业，了解社会宏观环境、国家政策和事件对行业产生的影响；通过对各种职业环境和组织环境的了解，分析自己想要从事的行业或职业的特性与发展前景；分析当前面临的机遇与挑战，了解影响职业生涯的行业因素，分析研究外部环境的特点，寻找外部环境发展变化的规律，将外部环境的优势与劣势进行比对分析；根据招聘单位的用人标准、工作要求等信息来判断自身是否具有竞争力，并进一步了解市场行情、薪酬状况、专业门槛等信息。经过对内部环境和外部环境进行全面的综合分析，结合对自身的测评与定位，大学生才能够制定出最适合自己的职业生涯规划。

**3. 职业定位及目标选择**

一个未来的成功者必定是一个目标意识很强的人，没有目标如同驶入大海的孤舟，不知道自己走向何方。只有树立了目标，从一开始做准备时就有明确的方向和路线，知道自己将要做什么，将要走到哪里，才能清晰地将工作重心集中到一个点上，才能充分调动自身的积极性、主动性和创造性。

**4. 职业生涯方案设计**

在确定了职业生涯目标以后，大学生就需要制定具体的可行性实施方案。落实目标的具体措施主要包括工作、实操、教育等方面。例如，为实现目标，在工作上，将采取什么措施以提高工作效率；在业务素质上，要学习哪些知识，掌握哪些技能；在开发潜力上，需要采取什么措施，这些措施的制定都要具体、明确，以便日后的检查与评价。有些学生不能很好地实施职业生涯规划，这不是个人能力问题，而是目标设立得不科学，遥不可及或毫无挑战性，或没有设立监督反馈系统，在遇到问题和障碍时就无法进行下去。大学生在进行职业生涯方案设计时，要围绕各个时期、不同层次，将学业与职业生涯结合起来，将能力提升与职业发展相互衔接，制定详尽、具体的方案。

**5. 评估调整与结束语**

评估与调整是指在整个职业生涯规划的过程中对所有环节进行检验，对每个步骤的现实状况与目标之间的差距做出评价，对活动过程进行审视，查看是否有不理想、欠周到的地方或因突发状况打乱原定安排，及时诊断所出现的问题，找出相应对策，对规划进行调适和完善，必要的调整与修正能够使发展目标更有效率地达成。职业生涯规划需要不断被评估与修订，修订的主要内容包括职业的重新选择、职业生涯路线的选择、人生目标的修正、实施措施与计划的变更等。

在职业生涯规划书的结束语部分，可以针对要完成的职业目标谈谈个人的看法，或表一下决心，或提出自己的期望，也可以对日后实现职业生涯规划目标的情况进行展望等。

## （二）撰写职业生涯规划的格式

大学生职业生涯规划书可分为封面、前言、目录、正文和附表几大部分。封面一般包括题目、姓名等个人基本信息。前言是写职业生涯规划书的目的、背景、条件等。目录是根据正文内容的章节所对应的页码来编制的。正文一般分为自我探索、环境探索、职业定位及目标选择、职业生涯方案设计、评估调整与结束语等部分，可以在正文开始的部分把自己的职业目标和职业提出来。附表一般包括个人简历、分阶段目标的完成情况，如每学期的学习成绩、所取得的各类证书复印件。其中，正文部分是职业生涯规划书的重点内容。

一份好的职业生涯规划书应该步骤齐全、思路清晰、论述深刻、目标明确、阶段分明、措施具体、具有可行性，有自己的个性特点；重点突出，内容翔实，不要过分的装饰和华而不实的内容；语言通顺，表达清晰。

### 1. 封面

设计精美的封面，个人信息可以放在封面，也可以放在封面以后的内容中。封面上应写明作品的名称、时间，个人的关键信息，如姓名、所在学院、专业、班级、学号等，也可以在封面上插入图片、警示格言等（图 3-2）。

```
大学生职业生涯规划

姓名：

学号：

班级：

专业：

联系方式：
```

**图 3-2　大学生职业生涯规划书封面**

### 2. 目录

设置目录的目的是让人看了后就能知道自己的职业生涯规划书写

了什么内容,可以包括引言、自我分析、职业分析、职业定位、计划实施方案和评估调整几项内容(图3-3)。

```
目录
一、引言
二、自我分析
三、职业分析
四、职业定位
五、计划实施方案
六、评估调整
```

**图3-3　大学生职业生涯规划书目录**

3. 内容

撰写的内容要条理清楚,层次分明。大学生职业生涯规划书的主要内容通常包括以下项目。

(1)题目。包括姓名、年限、年龄跨度、起止日期。

(2)引言。主要写规划的目的以及自己对规划意义的认识。

(3)自身条件及潜力测评结果。

(4)发展环境分析。包括对政治环境、经济环境、学校环境的分析,还包括专业发展前景分析、相关的职业与行业环境分析、所在班级与院系的情况分析。

(5)大学生涯发展方向及总体目标。

(6)目标分解及目标组合。

(7)目标的评估。听取老师、亲人、同学、朋友以及其他一些可能了解或帮助自己的人的意见,征询他们对自己大学生涯目标的建设性意见。

(8)目标与现实的差距分析。即自身现实状况与实现目标要求之间的差距。

(9)确定目标实现或成功的标准。

(10)缩小差距的方法及实施方案。

(11)后记。不管是大学生的职业生涯发展设计书还是员工的职业生涯规划书,其实都没有固定的内容与结构,当事人应当从实际出发,实事求是,管用就行。

## (三)撰写职业生涯规划书的注意事项

大学生可以大量参考他人所写的规划书,从中受到启发。可以借鉴,但不能照抄照搬,要体现自己的实际情况,把上课所学的内容体现在职业生涯规划书中。大学生在撰写职业生涯规划书时应注意的问题有自我评价不够科学合理、环境探索针对性不强、职业目标确立存在问题、职业生涯规划缺乏实操性、评估调整未受到重视。

### 1. 自我评价不够科学合理

自我评价是职业生涯规划的基础。没有深刻的自我认知,也就谈不上能有一个好的职业规划。具体表现为:一是对测评工具过于依赖,测评工具具有较好的概括性,便于使用,因而很多大学生容易在自我认知方面过分依赖测评工具。甚至有些大学生上网随便搜一个测评,就给自己下了定义。所有的测评工具都具有一定范畴的信效度,只有通过正确的科学测评手段、正规的测评工具得到的分析结果,才会更大效度地符合自己的实际情况。测评工具并不是为某个人独家量身定做的,测评结果具有一定的共性特征,不能完全以测评结果作为分析结果。否则,事实上就是"测评工具的认知",而不是真实的自我认知。二是测评结果与现实情况联系不够密切。许多大学生在得到了测评结果以后不知道应如何处理,无法把测评结果与个人现实表现、职业生涯目标的论证过程融合到一起。这些大学生往往忽视了"自问、自省、自查"这些最重要的"测评方法",不懂得根据自己的实际情况与测评结果进行思考、分析自己。

### 2. 环境探索针对性不强

在环境分析时,许多大学生抓不住重点,分析没有针对性,环境探索的分析普遍较弱。外界环境探索应该是在自我认知的基础上有针对性地探索。主要存在家庭环境分析较单一、学校环境分析较简单、社会环境分析较笼统、职业环境分析不到位等问题。

3. 职业目标确立存在问题

大学生在制定职业生涯规划，确定职业目标时主要存在以下问题：(1)目标较模糊，没有考虑自己到底想要什么、对自己是否具有意义。(2)目标理想化，不少大学生盲目乐观，对未来充满向往和无比信心，目标大多定得过高，执行到位的可能性极低。(3)目标体系不统一，级别关系的逻辑混乱，与现实不符，职业目标前后不一致，不能构成统一的职业目标体系。(4)目标严重偏差，一些大学生择业功利化，只关心经济利益、福利待遇等问题，而不考虑职业的发展前景。(5)分析内容与结论目标不相符，这样的职业生涯规划只是一纸空文，不具有规划的科学性和严谨性。(6)备选目标之间缺乏内在联系，大多大学生都能准备多个备选目标，然而这些备选目标之间差异很大，缺乏内在的联系，不利于最终职业目标的实现。

4. 职业生涯规划缺乏实操性

大部分学生在设定了职业生涯目标以后、可能没有制定详尽、全面的实施方案。没有具体的行动方案就不能达到预期目标，更谈不上事业的成功。有些职业规划书只停留在"想"的层面，有些规划书的行动计划与职业发展目标之间没有建立内在联系，职业生涯规划书应当是为实现个人职业目标而制定的方案，是一个详细而又切实可行的行动策略，包括时间跨度、总目标、分目标、计划内容、措施等。目标确立是核心，可实施的计划措施是关键。例如，有的规划写着"大一努力适应大学生活，大二学好专业，大三尝试找些企业去实习"，这种实施方案不具体、难落实，无法监控和评估。

5. 评估调整未受到重视

"世界唯不变的就是变化""计划赶不上变化"，如何根据实际情况对职业发展进行评估并做出适宜的调整是职业生涯规划中非常重要的环节，并且伴随整个行动过程，但是，在许多职业生涯规划书中"评估调整"却常被忽略或轻视。

# 第二节　大学生职业生涯规划的实施

## 一、大学生职业生涯规划的实施方法

概括来说，大学生职业生涯规划的实施方法主要包括以下几种（图 3-4）。

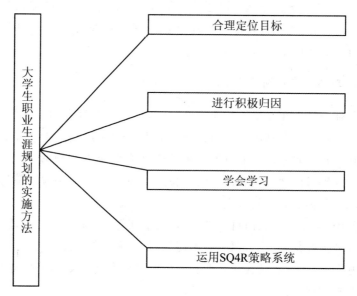

**图 3-4　大学生职业生涯规划的实施方法**

### （一）合理定位目标

明确自己的实际情况后，要从主客观实际出发，把目标建立在切实可行的基础上。评价目标是否合理的一种方法是看目标是否设置在自己的真实水平上下。例如，如果自己的真实水平是 80 分，理想水平与保险水平分别为 90 分与 70 分，那么可以将目标设置在 75～85 分。

## （二）进行积极归因

正确的归因不仅能使大学生端正学习态度，激励大学生通过努力不断提高自己，而且还会使大学生产生愉快的情绪体验并积极地看待学习中的成与败。美国心理学家维纳提出的归因理论认为，人们对自己的行为及其结果的归因是复杂而多维的，并且自我的归因将影响到今后类似行为的动机。从归因理论中可以发现，积极的归因是把学习成功归为自己的努力、端正的态度和学习方法的正确运用，而把失败归于自己努力不够、学习方法不正确。为此，要树立"努力就能成功"的信念，它能帮助我们发现自己的能力，树立自信。当不断获得努力就能成功的体验时，学习就会成为一种主动行为了。

## （三）学会学习

作为大学生，不但要掌握科学的学习方法，灵活运用所学知识，更要把零散知识组织起来，建构成系统的知识结构，把知识真正地转化为力量。具体来说应做到以下几方面。

1. 培养学习动机

学习动机是动机在学习活动中的表现，它不但对学习起着巨大的推动作用，而且控制着学习的正确方向。学习动机可以使大学生积极主动、持之以恒地进行学习，努力寻找各种途径把难点弄懂，从而取得优异的成绩；学习动机是推动大学生为达到一定的学习目的而努力学习的动力。当然，学习动机过强与过弱都不利于学习效率的提高。所以要学会对过弱和过强的学习动机进行适当地调节。

2. 建立学习兴趣

个体一旦对某学科有了浓厚的兴趣，就会以积极的情绪去研究和探索它，就会产生强烈的求知欲望，从而充分挖掘自己的学习潜能。其实，每门学科都有美的元素，要善于发现它们的美，以此来增强学习的兴趣。

## (四)运用 SQ4R 策略系统

SQ4R 策略系统是目前在大学生学习中广泛使用的一种学习技术。其步骤如表 3-1 所示。

**表 3-1　SQ4R 策略系统的步骤**

| 步骤 | 具体阐述 |
| --- | --- |
| 浏览(Survey) | 浏览全书,大致了解材料的主要内容。此过程包括以下三个方面。<br>第一,看书名、文章标题、作者信息,做好学习新材料的思想准备。<br>第二,查阅每个标题和副标题,在深入阅读之前在头脑中确定材料的整体架构。<br>第三,浏览前言和后记以了解作者写作的背景和意图,并通过纵览抓住材料的核心观点 |
| 提问(Question) | 提问的简单做法是将标题转换成自己尽可能想出的几个问题,然后通过阅读来寻找问题的答案。这样可以激发我们的好奇心,从而增强对新学材料的理解 |
| 阅读(Read) | 阅读可以填充我们头脑中建立起的框架。细读章节来回答上一步提出的问题。不要逐字逐句逐行地读,而要积极地寻找答案,抓住实质内容。在这个过程中,我们也可能会提出一些疑问,将这些问题记录下来,形成笔记,或直接记录在教材上,或把内容重点、难点摘抄及心得体会写在专用笔记本上 |
| 陈述(Recite) | 读完后,合上书尝试简要回答上面提出的问题,最好能用自己的语言举例说明。如果不能清晰地陈述答案,那么重复阅读再尝试陈述,进行这一步时最好能结合笔记法,摘记一些短语作为陈述提示 |

续表

| 步骤 | 具体阐述 |
|------|---------|
| 反思(Reflect) | 试图理解信息并使信息有意义;试着消除不重要的信息;试着用所读内容去解决联想到的类似问题;课堂上认真听老师讲解,及时和任课老师探讨不懂的难点知识 |
| 复习(Review) | 按以上步骤通读全书后,查看笔记,总览全部观点及它们之间的关系,然后合上笔记尝试回忆主要观点及每一主要观点之下的次级观点。间隔一段时间后,通看一遍教材和笔记,然后合上书本,再根据笔记页面左侧的关键词进行回忆,查阅相关书籍或论文,补充所学内容,扩大知识面 |

## 二、大学各阶段职业生涯规划的具体实施方案

### (一)大一阶段:职业生涯设计的启蒙

大学第一年主要是基础课的学习,重要的是培养适合自己的有效学习方法。另外,无论学哪一个专业,第一年都要特别重视以下 10 种能力的培养。

第一,个人能力的培养。

第二,个人兴趣的培养。

第三,计划性的培养。

第四,养成调查研究的习惯。

第五,培养处理危机的能力。

第六,学会理财的能力。

第七,培养表达能力。

第八,培养适应能力。

第九,学会认输和放弃。

第十,学会欣赏。

需要注意的是，以上能力的培养是基础能力的培养，而这种能力的具备需要花费相当多的心血，需要不断的积累。

## (二)大二阶段：职业生涯设计的深入探索

这一阶段的目标是初步确定毕业去向及相应能力与素质的培养。具体的实施策略包括以下几方面。

第一，考虑未来的毕业去向。

第二，认识自己的需要和兴趣。确定自己的价值观、动机和抱负。

第三，通过参加学生会或社团等组织，培养和锻炼自己的领导组织能力、团队协作精神，同时检验自己的知识技能。

第四，可以开始尝试兼职并参加社会实践活动。

第五，增强英语口语和计算机应用能力。

## (三)大三阶段：职业生涯设计意识的建立

这一阶段的目标是掌握求职技能，为择业做好准备。具体的实施方案包括以下几方面。

第一，了解搜集就业信息的渠道，向学长、学姐了解往年的求职情况，学习撰写简历、求职信的方法和技巧。

第二，了解相关行业和企业的情况。如果准备出国留学或考研，应首先了解相关留学信息和学校信息，然后开始准备工作。

## (四)大四阶段：职业生涯设计的初步演练

这一阶段的目标是成功就业，具体的实施方案包括以下几方面。

第一，深入了解相关行业和企业信息。

第二，强化求职技巧，进行模拟面试训练等。

第三，积极参加各类招聘活动，向用人单位提交简历，参加用人单位组织的面试等。

## 三、实施职业生涯规划常见的阻力①

### （一）目标设置不合理

就业、出国、创业均可以作为大学期间的发展目标，但必须具体、现实。如果选择先就业，那就要想清楚去什么地方就业、在什么行业就业、从事什么职位与性质的工作、希望拿多少工资等；如果选择出国留学，那就要考虑家庭经济承受能力、个人学习成绩尤其是外语水平等，而如果琢磨着毕业后自主创业那就必须积累经验、学会分析市场行情、制定创业计划等。目标没有对错之分，适合的就是最好的。如果选定的目标不合理，那就已经失败了一半。

### （二）制定目标的当事人缺乏执行力

执行力相当于心理学所说的毅力。范仲淹在吃不饱、穿不好的艰苦条件下，却能坚持读书，最后还当上了宰相。他靠的正是毅力，是毅力使他成功了，是毅力使他当上了宰相。

### （三）目标实现的外在条件不具备或者发生改变

从哲学的层面上讲，目标实现的内在条件相当于内因，外在条件相当于外因。事物的发展是内因和外因共同起作用的结果，矛盾是事物发展的动力。外在条件虽然有不可控制性，但它毕竟要通过内部条件才能起作用，人是有主观能动性的，人们不仅可以利用与改造外部条件，还可以创造条件实现目标。

---

① 韩旭彤,张录全．大学生职业规划与就业创业指导[M]．北京:现代教育出版社,2013.

## 四、克服实施职业生涯规划常见阻力的方法

### (一)勇于坚持

成功者是用拼搏精神描写坚毅的感人传奇。要去判断人生道路上的这场胜负,在于用毅力换来的成绩。成功者常常用毅力去写迷人的胜利传奇。

### (二)不轻易放弃目标

成功的人可以无数次修改方法,但绝不轻易放弃目标;而不成功的人总是变换目标,却从不或很少改变方法。在实施职业生涯规划的道路上,只有暂时没有找到解决方法的困难,没有解决不了的困难。

### (三)及时评估与修正

职业发展规划是一个动态的过程,绝不是确定了具体计划之后,就能一劳永逸地执行下去。一个人如果不能随时根据变化的情况,对具体的职业发展计划进行调整,职业发展规划就会沦为空洞的自我设计。因此,为有效实施职业发展规划,必须要在实施过程中随时评估,并根据评估结果及时修正。

# 第四章 修改完善：大学生职业生涯规划的评估与调整

许多人对职业生涯规划的认识都会走入一个误区，即他们错误地认为只要根据实际情况制定好了职业生涯规划就会一劳永逸，但事实上并不是这样。我们周围的环境每时每刻都在变化，所以，职业生涯规划是一个动态的过程。在实施职业生涯规划的过程中有些条件会发生变化，导致目标和结果出现一定的差距，这就要求根据实际情况对职业生涯规划进行不断地评估与调整。

## 第一节 大学生职业生涯规划的评估

### 一、职业生涯规划评估的要点

大学生职业生涯规划评估的要点如表 4-1 所示。

表 4-1 大学生职业生涯规划评估的要点

| 大学生职业生涯规划评估的要点 | 具体阐述 |
| --- | --- |
| 抓住最重要的内容 | 大学生在对职业生涯规划进行评估时没有必要面面俱到，而应该抓住重要的几个内容进行评估 |
| 分离出对自己影响最大的环境变化 | 针对变化了的内外环境，要善于发掘对自己影响最大的变化，然后据此评估和修订自己的职业生涯规划 |

续表

| 大学生职业生涯规划评估的要点 | 具体阐述 |
| --- | --- |
| 找到突破方向 | 有的时候，寻找到某一方面的突破方向会使结果发生意想不到的结果，所以，大学生在对职业生涯规划评估时，要静下心来仔细想一想自己可以在哪个方面有所突破，可以通过怎样的方法来寻求新的突破 |
| 突出"优势我" | 看看目标设定，是否考虑了自身的优势。或者，经过学习和培训，自身的优势是否更加突出。如果是，则需要重新进行自我认知和职业定位 |

## 二、职业生涯规划评估的作用

职业生涯规划评估的作用如图 4-1 所示。

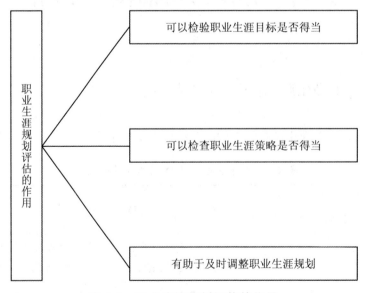

图 4-1　职业生涯规划评估的作用

## （一）可以检验职业生涯目标是否得当

我们身处的世界每天都在发生变化，大到国际形势突变、国家政策的调整，小到组织制度的改变、组织结构变革、自身条件变化，这些都是影响我们制定职业生涯目标的客观因素。同时，由于大学生社会经验较缺乏，所以制定的职业生涯规划有时会与实际有很大的偏差，缺乏可操作性，通过对大学生职业生涯规划进行评估，可以检验大学生所设定的职业生涯目标是否得当，如果不得当，可以根据实际情况进行调整，以保证大学生职业生涯规划的顺利进行。

## （二）可以检查职业生涯策略是否得当

我们在制定职业生涯规划的时候，都是先进行自我评估，然后在此基础上为自己的职业生涯定下目标，并制定相应的实施策略，包括学习阶段、培训阶段、工作计划等，这些计划都是为实现目标而服务的。但是，这些计划是否得当，那就另当别论了。因为我们的很多计划都是在主观分析和经验的基础上制定的，因此，我们在实施这些计划的过程中要不断进行评估。

## （三）有助于我们及时调整职业生涯规划

我们经常强调，周围环境及我们自身都是不断变化的，如果我们不对职业生涯规划进行评估，或者说很长时间才评估一次，就不可能及时地发现问题，并迅速做出改变。许多的职业指导专家都建议至少每年做一次评估。

## 三、职业生涯规划评估的内容

职业生涯规划评估的内容主要包括以下几方面（表4-2）。

表 4-2　职业生涯规划评估的内容

| 职业生涯规划评估的内容 | 具体阐述 |
|---|---|
| 职业目标评估 | 如果在毕业前没有找到合适的工作,那就去考村官或者考研。如果工作一段时间后觉得自己不适合在某一岗位工作,那就选择新的工作岗位。如果觉得自己所在的单位不适合自己今后的发展,可以选择跳槽 |
| 职业路径评估 | 在毕业前,如果发现自己真的不适合在所学专业对应的行业就业,可选择去新的行业发展,需重新制定职业生涯规划。在工作初期,如果发现自己无法胜任某一岗位工作,可选择去考研或者换工作,谋求新的发展方向。在工作中期,如果发现无法胜任相关工作,应向其他同行讨教经验,并询问领导、下属对自己的意见和看法,努力改善自己的工作方法。在工作后期,如果还是发现自己不适合在这单位工作,则可考虑提前退休,或者去创业,或者到新的单位就职 |
| 实施策略评估 | 如果觉得自己不适合某一行业或岗位,可选择其他的工作或自主创业。如果短期内工作过于劳累或者压力偏大,可选择请假,等调整情绪后继续工作。如果觉得所在单位没有发展前景,可选择跳槽 |
| 其他因素评估 | 如果身体出现重大疾病,对工作有重大影响时,建议选择停薪留职或辞职,等调理好身体后,再选择就业。如果家里发生重大变故,需要大量资金时,酌情选择工资较高的单位就职。如果需要长时间陪伴家人时,选择辞职,等家庭渡过难关后再就职。如果工作出现重大变化时,比如单位倒闭等,重新考虑是否继续工作还是选择其他工作 |

## 四、职业生涯规划评估的步骤

职业生涯规划评估的步骤如图 4-2 所示。

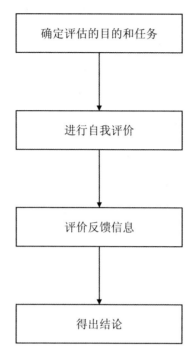

**图 4-2 职业生涯规划评估的步骤**

## (一)确定评估的目的和任务

不论我们做什么事,在开始着手之前都要考虑一下,我们为什么要做这件事,即我们的目的是什么。所以,大学生在进行职业生涯规划时一定要评估一下自己的目的和主要任务。

## (二)进行自我评价

事实上,最了解自己的人还是自己。因此,在职业生涯规划评估中要首先进行自我评价。当我们做好了一份职业生涯规划时,都会按照时间来确定阶段性任务。所以,自我评价首先就要看我们是不是准时完成了计划中的任务。如果在规定的时间内无法完成所定目标,那就应该进行反思,找出出现这种情况的原因及对策。我们在完成任务的时候不仅要按时,而且要保证质量。如果我们按时完成了目标,但是感到完成起来非常困难，或者感到效率很低，这时就要考虑是定的职业目标太高，还是我们没有紧迫感，没有抓紧时间。若目标定得太高，可以考虑降低目标的难度；若我们完成计划时未抓紧时间，那就应该加强紧迫感。还有一种情况就是，我们完成了既定目标，但完成得过于轻松，那就意味着我们定的目标过低，这时可以考虑适当地提高目标。

### (三)评价反馈信息

评价反馈信息是指对事先搜集的反馈信息的准确性和可用性进行评价。在搜集信息的过程中，由于客观原因会存在信息与实际不符的问题。因此，我们在搜集好信息以后，要去伪存真，让对自己真正有用的信息保留下来。

### (四)得出结论

运用科学的方法对职业生涯规划进行评估，之后得出正确的、对大学生具有指导作用的结论。

## 五、职业生涯规划评估的方法

职业生涯规划评估的方法主要有以下几种(图 4-3)。

### (一)交流法

交流法是指经常就自己的职业生涯规划及执行情况与同学、老师进行交流，听取他们的建议和忠告，然后据此改进自己的职业生涯规划及其执行方法。

### (二)对比法

对比法是指将自己的职业生涯规划及其执行情况与他人进行对比，找出自己的问题与差距，据此改进自己的职业生涯规划及其执行方法。

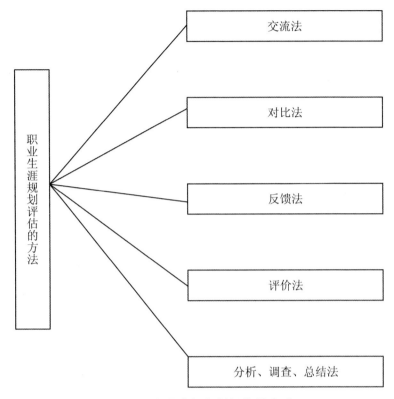

图 4-3　职业生涯规划评估的方法

## （三）反馈法

准备一个记录本，记录一段时间内学习、思考的心得体会，以及参加的各项活动及其感想，然后检查并修订自己的职业生涯规划，看看哪些事情没做好，哪些学习和工作方法需要改进，哪些能力急需提升。

## （四）评价法

在评价法中要做到全方位反馈，之所以说是全方位反馈，是因为在这一方法中的评价者包括被评价者的上级主管、同事、下属、客户等各类密切接触人员，同时也包括自评。实施大学生职业生涯规划全方位反馈评价，要重点做好以下工作。

第一，做好同学间评议。

第二，做深自我评价。

第三，做实评价反馈。

## （五）分析、调查、总结法

每个月或每个学期结束后，要认真总结一下自己这段时间的收获有哪些，这些收获对达到最高目标有无帮助。另外，在每一个短期目标实现后，都应对下一步的主客观环境和条件重新进行调查、分析，看看条件是否变化，哪些变好，哪些变坏，总体如何，要做到心中有数，然后根据变化了的情况修订原来拟定的下一步计划。

# 第二节　大学生职业生涯规划的调整

## 一、大学生职业生涯规划调整的目的

经过一段时间的实施后，目标越来越清晰，错误也逐渐显现出来，这时候可以对自己的职业定位和职业方向重新进行判断、调整。调整的目的主要包括以下几方面。

第一，决定放弃或者坚持自己的目标，并进行必要的调整。

第二，明确影响实施效果的关键因素，对实施策略的合理性加以认识。

第三，对需要改进之处制定调整计划，以确定修订后的实施策略能帮自己达成生涯目标。

## 二、大学生职业生涯规划调整的内容

大学生职业生涯规划调整的内容主要包括以下几方面（表 4-3）。

表 4-3 大学生职业生涯规划调整的内容

| 大学生职业生涯规划调整的内容 | 具体阐述 |
| --- | --- |
| 职业方向上的调整 | 通过对评估结果的详细分析，了解自己职业生涯发展不顺利的原因是方向错误、对内外环境缺乏客观的分析，还是缺乏对工作的真实体验。方向正确与否是职业生涯能否成功的关键，如果方向错误，就必须重新进行自我认识和评价，重新评估外在环境，进而重新做出新的选择 |
| 计划和措施的调整 | 对计划和措施及时进行调整是保证目标实现的重要因素。在对自身情况与制定的目标之间存在的差距进行评估之后，就需要对职业生涯规划的计划与措施进行及时调整，以保证目标的顺利实现 |
| 行为和心理的调整 | 在职业生涯发展的过程中，要善于调节自己的心理，保持自信、坚持、乐观的最佳状态。通过调整，可以进一步增强自信心，确保能取得显著的进步 |

## 三、大学生职业生涯规划调整的步骤

大学生职业生涯规划调整的步骤如图 4-4 所示。

### (一)重新分析自身条件

通过"我能干什么、我能干好什么"的自我反思，检验自己的职业素质是否符合现在所从事的职业的要求，检验自己的职业能力是否达到了现在所从事的职业的要求。

### (二)重新分析发展机遇

随着家庭、行业以及社会经济条件的不断变化，我们需要围绕新的目标对当前经济社会的发展趋势进行分析。

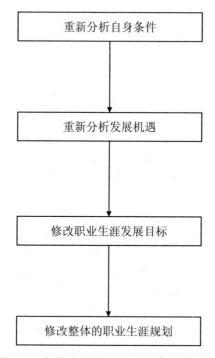

**图 4-4　大学生职业生涯规划调整的步骤**

## （三）修改职业生涯发展目标

修改职业生涯发展目标，应该着重分析发展目标的价值取向。已有求职实践或从业实践的毕业生，与缺乏求职、从业实践的在校生相比，发展目标的价值取向不再是虚拟的、理论的，而是实在的、务实的。实在的、务实的价值取向对于修改职业生涯发展目标或阶段目标是十分有益的。在取得求职或从业实践经验的基础上，对原有的价值取向进行深刻的反思，是职业生涯目标修改非常重要的保证。

## （四）修改整体的职业生涯规划

反省原规划中存在的问题，回顾自己对原规划的落实情况，既有利于新措施的修改，也有利于新措施的落实。这种反省和回顾，不仅是调整职业生涯规划的需要，也是自我管理能力提高的过程。

# 第五章　未雨绸缪:大学生就业准备研究

大学毕业之后,很多的学生会选择走向就业岗位,但是从目前的情况来看,大学生的就业形势并不乐观,很多的大学毕业生在就业过程中暴露出了准备不足的问题,影响到了成功就业。因此我们有必要对大学生的就业准备进行全面系统的研究与分析,帮助大学生认清准备方向,做好各方面的准备,以期在就业过程中脱颖而出。

## 第一节　大学生就业知识的准备

近些年来,随着大学生毕业人数的增多,就业压力的增大,企业也越来越青睐于两种人才,一种是"通才",即掌握数个专业知识的人才,另一种是专才,即精通某一专业领域的人才。无论是"通才"还是"专才",他们都有一个共同的特点,那就是拥有较多的知识。可见,知识水平的高低对每一个准备就业的大学生来说是非常重要的。它直接关系到大学生能否找到满意的工作,能否将自己规划的职业蓝图变成现实。因此,对于大学生来说,为就业做好知识准备是十分必要的。

### 一、知识是求职择业的基本条件

作为一名大学生,没有足够的知识积累,没有坚实的基础知识、精深的专业知识和广博的社会知识,知识分子的优势就无从谈起,所以,做好知识准备,必须下苦功夫掌握更多的知识。

求职者的文化程度对于其就业的顺利与否有着间接的影响。在我们社会主义国家中，要想谋取职业，就业者必须具备一定的思想道德素质和能力素质等，而要想使自己的思想道德素质与能力素质适应于职业的要求，就需要一定的文化知识做基础，在较高知识程度的基础上使求职者的思想道德素质和能力素质上升到一个比较高的层次。如果把一个人的求职择业过程比喻成建造一座大厦，那么一个求职者的文化知识则就相当于建筑就业大厦的原材料。

作为大学毕业生，经过十几年的专门学习和训练，已具备了较高的文化知识程度，基本上能够满足就业对文化知识程度的要求，相对于社会上的其他求业者，在文化知识程度上具有较明显的优势。但是作为具有较高文化程度的求职者，应注意到自己所具有的知识的价值有一定的时间限制。尤其是近二十年来，随着高科技的突飞猛进和人类对于自然界的认识逐步深化，知识更新的速度日益加快，知识老化周期相应缩短。已从18世纪的80～90年缩短到20世纪70年代以后的5～10年。所以对于在文化知识程度上占有较大优势的大学毕业生若想保持优势的常存，就要注意自己的知识更新，经常增加新知识的信息，扬弃已老化的知识。

## 二、知识结构是求职择业的取胜条件

大学毕业生在文化知识程度上与其他求职者相比，占有优势是无疑的。但是，这是否说就决定了就业就一定比其他求业者顺利呢？是不是在双向选择这一就业天平上，文化素质这一砝码就以文化知识程度的高低为内核呢？答案是否定的。文化知识程度仅是文化素质的一个方面，而重要的另一方面是知识结构，它才是决定一个人文化素质高低的关键。可以说知识程度是文化素质的量，而知识结构则是文化素质的质。在求职与就业中，仅有知识是不够的，若想选择到较为理想的职业，并被所选职业认可，使就业过程中个人与社会双方选择目标一致，起决定作用的是求职者自身的知识结构是否适应并满足所选择职业的要求。

知识结构指一个人所拥有的知识中，各类知识之间的比例、联系和配置状况。知识结构与知识程度二者有机地结合而形成一个人的文化素质。如果说知识程度相当于"就业大厦"的原材料，那么知识结构就是把这些原材料组装而形成的"就业大厦"的内部建筑构造。

　　确实,每一个求职者和事业成功者都应该用丰富的知识来充实头脑。但是,一则人类世代积累下来的知识浩如烟海,尤其处于"知识爆炸"的今天,要想把全人类所有知识全部掌握于一身是不可能的。二是对于就业者,他所选择的以及社会所给予他的职业岗位也并不要求他掌握人类的全部知识。现代职业不需要那种皓首穷经的"两脚书橱"式的求职者,而只有那些拥有较高知识程度、并能根据社会的发展和所选职业的具体要求,将自己的知识进行科学地组合,使头脑中的知识形成合理的知识结构的求职者,才能受到现代职业的欢迎,从而在就业竞争中获得成功。

　　所以,大学毕业生以及正在学校学习的同学,面对严峻的就业前景,应充分认识到知识结构在就业中的必要性和重要性。

　　不同的知识结构对于就业会产生不同的影响。对于处于同一知识层次上的大学毕业生,在就业竞争中取胜的关键在于如何配置和组合而形成何种类型的知识结构,这将在很大程度上决定了双选就业过程的顺利与否。这就如同都是由碳原子组成的物质,结构不同,导致性质、用途各异:平面结构的石墨那样柔软,而立体结构的金刚石则坚硬无比。同样是由氢、氧、碳、氮等原子组成,可以是聪明绝顶的人类,还可以构成麻木无知的矿石;同样是黑白围棋子,可以构成凌厉的功势,也可以构成破绽百出的败局。求职者不同的知识结构能导致其可能适合于做一个科研工作者,但不能成为一个合格的企业经营者;可能会通过努力奋斗而成为一个拥有众多读者的作家,但却不能承担起一个中学语文教师的职责。

　　知识的积累固然重要,但仅仅满足掌握的知识多、考试分数高是远远不够的。一个人知识再多,如果不能使所拥有的知识形成一个有机的整体、合理的结构,这些知识在实践中仍难以充分发挥作用。因此,建立合理的知识结构是知识准备必不可少的重要环节。

　　所谓合理的知识结构,就是要做到围绕自己选择的就业目标,对自己所掌握的知识进行合理组合、恰当调配,在自己的头脑中形成分层次的、相互协调的知识系统。一般来说,合理的知识结构主要体现为这样几个特征。

　　第一,知识整体性。即知识结构的各个组成部分应当相互联系、相互制约,形成一个有机的统一体,从而使各个部分都能在整体中发挥最优化的功能。

第二，知识的协调性。即在知识结构中，从特定的目标和具体的需要出发，主导知识与相关知识主次分明、彼此协调。

第三，知识的层次性。即知识结构中要分为高低不同的层次，其中基础层次是必备的基础文化知识；中间层次是一般的、较为系统的知识；最高层次则是专业领域的最新成就、攻关方向和研究动态方面的知识。

第四，知识的动态性。即合理的知识结构应该是根据人类认识的不断深化和社会需要的不断变化而进行自我调节的动态结构。

还应该指出的是，合理的知识结构与就业目标的确定是相互关联、相辅相成的。就业目标的确定要以原有的知识结构雏型为前提，就业目标确定以后，在实现奋斗目标的过程中，又要围绕目标充实、完善自己的知识结构。

## 三、知识的积累

我国著名数学家华罗庚曾说过："知识在于积累，天才在于勤奋。"一个人如果想在他所从事的工作领域中有所建树，就必须要有该领域的大量知识作为基础。因此，大学生必须要不断地进行知识的积累。

从整体上来说，知识的积累有两种途径，一种途径是从书本中获得，即从对书本的学习中获得知识；另一种途径是从实践中获得，即通过实践来获得相关的知识。这两种途径各有长短，它们相互依存、相互补充、相互发展，二者都不能偏废。

## 四、大学生合理的知识结构

当今的大学生要想在就业的大潮中立于不败之地，就必须拥有合理的知识结构。当然，大学生的知识结构没有一个固定不变的模式。但从大学生就业角度考虑，必须具有以下几个方面的知识。

### (一)系统的马克思主义理论知识

高等学校培养出来的学生，不仅要具备先进的科学文化知识，以便在未来的世界竞争之林中拥有一席之地，而且更要具备良好的思想政治素质和道德素养，这样才能成为中国特色社会主义事业的建设者和接班人。

## （二）宽厚的基础知识

高等教育改革的实践证明，基础知识的教育在大学生建立合理的知识结构中有着举足轻重的作用，对今后知识的运用与发挥起到基础保证作用。基础知识是知识大树的躯干，是知识结构的根基。

大学毕业生无论选择何种职业，要向哪个专业方向发展，都少不了宽厚、扎实的基础知识，就像万丈高楼平地起，全靠基础来支撑。

特别是随着科技和经济的高速发展，社会的产业、行业、职业结构调整的速度必然加快，大学毕业生在择业、就业上已不可能再是从一而终，职业岗位随时变动的状况不可避免。要适应这种变化，必须靠扎实的基础知识。因此，大学生在毕业前，必须掌握扎实的基础知识，积极拓展自己的知识面，这样才能有效地拓宽自身的择业面，给毕业后的择业、就业创造更多的机会。

## （三）广博的相关知识

大学生知识面偏窄的问题早已存在，主要表现为非专业知识的贫乏，甚至出现过文科生不知爱因斯坦、理科生不知曹雪芹的笑话，而实际社会中对"通才"的需要却远远大于对"专才"的需要。所谓通才或复合型人才，是指具有一到两门专门知识并同时又是知识面广、基础知识扎实的人才，这种人才比只有一种知识和经验的专业人才更容易适应时代的要求。

作为一名大学生，应该利用在校学习的时间，不断完善自身的知识结构，利用专业学习的空余时间，多读一些社会科学方面的书籍，广泛地涉猎文史哲，增加自己的知识面，开阔自己的视野，不断增加对社会和现代管理科学的了解，从而不断提高自己的能力。同时，通过形象思维和抽象思维的交替使用，还可以促进整个大脑思维能力的提高。如果知识面太窄，则难以适应工作的需要。

缺乏本行业的专业知识，就无法实施具体的工作。因此，在大学学习过程中，应把这两方面结合起来，努力成为复合型人才。同时，不能仅仅是对过去及现有知识的继承、积聚、掌握与应用，更要实现知识的不断更新，以适应知识经济时代的需要。

## 五、大学生就业知识准备

大学生可以从专业知识和非专业知识两个方面来进行就业的知识准备。

### (一)重视专业知识学习

大学生的专业知识学习贯穿了其整个大学时期。大学生应该高度重视专业知识的学习，因为这是大学生在就业时拥有的最重要的资本之一。"专才"之所以"专"，就是因为他们的专业知识有相当的深度，而钻研高深的专业知识必须具备良好的专业基础。因此，大学生应该从进校起就努力学好基础知识，只有具备了扎实的专业基础知识才能进入下一步的专业研究。在学好本专业的同时，大学生不妨学习一些相关专业知识或是自己感兴趣的专业知识，既可以充实自己，开阔眼界，也可以把自己打造成为"一专多能"人才。大学生在进行专业知识的学习时，要注意知识的系统化和结构化，要善于积累，同时也要注意知识的更新，根据社会的发展和需要及时调整自己的知识结构，并将理论知识与实际工作、生活联系起来。

### (二)注重非专业知识的准备和运用

非专业知识是相对于大学生所学专业知识以外的其他知识的统称。非专业知识是构成大学生知识体系不可或缺的一部分，包括公共知识、生活常识、待人接物的礼仪、求职面试的技巧等。非专业知识也常常是用人单位考核大学毕业生的内容之一。现在有不少职业都对应试者提出了资格准入的要求，其中一部分就是非专业知识方面的要求，如每年都有许多大学生报名参加的国家公务员考试。大学生可以根据自己的职业规划，有针对性地着手准备。一些日常生活中的小常识也是大学生就业准备时应该注意的地方。有时一些很小的细节都可以左右单位考核人员对应试者的看法，而且一些用人单位的招聘人员会专门通过细微之处来考查应试者。

在非专业知识的准备上，大学生需要注意的地方有：了解应聘单位的基本情况和相关知识；衣着得体，选择适合当前应聘职业环境的着装，如职业装,保证衣着整洁、大方;遵守时间,提前到达面试地点;表情自然,举止得当,不卑不亢;注意礼节,感谢每一位帮助你的人;要有自信心;控制自己的情绪;紧张的时候,尽量用简短的语言表达自己的观点;把握主动,展现自己的特长。

总之,大学生要加强并巩固专业知识的学习,积累非专业知识,综合利用所有知识,完成就业的知识准备。

# 第二节　大学生就业心理的准备

大学生的就业问题一直受到社会的广泛关注,随着大学生就业体制的逐步深入,高校连续多年扩招,大学生面临着越来越严峻的就业形势,毕业生急剧增多,而用人单位却没有明显增加,供需比例发生了严重的失调。许多大学生出现了焦虑、不安等情绪状况,更有甚者出现了严重的心理问题。大学生只有做好了正确积极的心理准备才能在严峻的就业形势下勇敢地迎接挑战。那么大学生该如何做好心理准备呢? 主要可以从以下三个方面进行准备。

## 一、树立正确的职业价值观

职业价值观是人生价值的重要组成部分,对大学生职业心理的健康发展具有重要影响,加强职业价值观的培养是形成健康就业心理的重要途径。价值取向是关于事物是非善恶及其重要程度排列的一种倾向和态度。大学生确定稳定而合理的价值取向是认识自我、做好择业心理准备的重要前提。即将就业的大学生,随时需要做出行为判断和选择,而这些判断和选择是以一定的价值取向为基础的。一般有两种选择:第一是以社会一般趋向为目标的价值取向,即以社会环境作为选择的主要因素。如职业的社会地位是影响大学生择业的重要因素之一。第二是以实现自我为目标的价值取向,即以实现自我目标作为选择的主要考虑因素。确立稳定、合理的价值取向,就是正确调整自我与社会的关系,将社会的需要与个人的理想目标结合起来。当前,大学生的毕业分配实行

"双向选择"，但并不意味着可以充分地自主择业。在实际的择业过程中，职业岗位并不能完全满足各个同学的主观要求，许许多多的客观因素要求个人必须适应社会。因此，每个学生都要有自觉适应社会需要的思想准备。

大学生要通过社会实践、理论学习，充分认识工作在生活中的重要作用，从而积极投身职业生涯；要端正职业动机，把为社会做贡献、实现自己的人生价值作为自己职业动机的核心；要正确处理职业与金钱、名誉、地位的关系，树立崇高的职业理想。社会需要是事业的沃土，时势造英雄，顺势成英才。要从分析社会发展趋势中选择适合自己的职业。要注重能发挥自己能力的空间和机会，不要计较现状的困难，条件的艰苦，这不但不会妨碍自己才能的发挥，反而为发展才能提供了机遇与挑战。当然，在走向社会确定自己的位置时，也要特别注意自己的天赋、素质和兴趣。若出现学非所用，学用脱节，容易窒息人的创造性，伤害人的积极性。在这种情况下，要有主见，要果断选择。一方面，可以根据情况培养自己的兴趣，热爱你将要从事的职业。其实每个人都必须被动地去做一些他（她）并不想做的事情，表演一些他（她）并不喜欢表演的角色，过一种他（她）不愿过的生活。虽然无奈，但只要专心致志，锲而不舍，那么就决不会感到烦躁不安，失落惆怅，反而会随遇而安，开拓自己的新领域。在计划经济的年代，大学毕业生都是根据国家的统一分配就业的，他们远离家乡，远离亲人，从事自己原来可能并不喜欢的工作。后来时间长了，不但培养了对新专业的浓厚兴趣，也在新的专业上做出了成绩。另一方面，也要敢于根据自己的长处，更换职业，积极"跳槽"，勇敢地走向自己该去的地方。

## 二、培养竞争意识

随着改革开放的进一步深化和社会主义市场经济体制的逐步确立，竞争机制已广泛地运用到许多领域，竞争意识也就成为衡量现代人能否适应这一变化的一种标志。处于这种形势下的大学生，要适应社会并对社会做出较大贡献，就必须树立强烈的竞争意识，要有将来投入社会主义市场经济主战场而参与竞争的心理准备。那么，新的形势下，大学生的竞争意识应该包括哪些方面呢？社会主义市场经济条件下人才的交流、竞争要求大学生具备强烈的时间观念、效益观念,富于挑战精神,不怕艰苦和挫折,积累知识,增长才干,主动地适应人才的选拔和竞争,在强手如云的人才大军中正确地"推销"自己,"兜售"自己的知识,施展自己的才华,让自己的青春绽放出灿烂的光辉。

### (一)培养竞争意识是社会主义市场经济发展的需要

社会主义市场经济体制的建立是突破了人们多年来对计划与市场的属性问题的传统观念,使得市场作为一种经济手段愈来愈引起人们的重视。而市场经济强调了市场调节,通过转换机制,深化改革,使商品进入市场,努力发展金融、技术、劳务、信息、房地产等市场,以建立完备的市场体系。而在整个市场运行中,无不体现出竞争性。商品、原材料、技术人才等在市场中流通的过程就是一个公平竞争的过程。我国市场经济建设的最高价值取向是为了社会的文明、进步和人类的全面发展,其本质职能是调动人的积极性、主动性,培养人们的自信心和竞争意识,督促人们求真、求善、求美。总之,社会主义市场经济体制下,与过去任何一个时期相比,市场的概念从未如此鲜明,作为市场重要特征的竞争性也就首先被突出地表现出来。可以这样说,在市场经济条件下,无处不体现着竞争,如果没有较强的竞争意识,就会像坏的商品一样被淘汰。

要适应社会主义市场经济,必须培养竞争意识,大学生作为社会主义市场经济未来的建设者和接班人,有没有竞争意识则关系到个人理想能否实现,关系到我国经济体制改革的目标能否实现,关系到中华民族的前途和命运。

### (二)培养竞争意识是提高人才基本素质的需要

当今世界是政治、经济、科技竞争日趋激烈的世界,而最终归结到科技的竞争。邓小平提出了"科学技术是第一生产力"的理论,做出了"把经济建设真正转移到依靠科技进步和提高劳动者素质的轨道上来"的重要战略决策,科技人才作为科学技术的载体,其素质的高低将直接关系到科技的进步、经济的发展和民族的振兴。在人才素质所要求的思想素质中,面对社会主义市场经济体制的逐步确立和完善,竞争意识显得更为重要,只有在思想上培养出强烈的竞争意识,才能在当今的市场经济主战场上掌握主动权,努力抓住一切机遇学好专业技能,拓宽知识领域,挖掘自身潜力，提高竞争能力，迎接来自市场竞争中的各种挑战。而我国的人才，无论从社会传统上还是从自身的心理上来说，长期以来已形成了"两耳不闻天下事，一心只读圣贤书"的习惯，认为只要掌握科技知识，默默无闻地去工作、研究、与世无争就行了。殊不知时代的发展要求知识分子投身到市场经济的大潮中去搏击，没有竞争意识能行吗？另外，"现行的组织制度和为数不多的干部的思想方法，不利于选拔和使用四个现代化所急需的人才。"我国的人才在吃苦勤奋方面堪称楷模，可是与发达国家相比，在思想意识上就大大缺乏竞争精神。大学生是高层次专门人才的最主要的后备军，其竞争意识的强弱直接影响到人才素质的高低。而人才素质提高了，市场机制转换的成功面就大。多年来，不少人拿我国的学生与日本的学生进行比较，令人担忧的是：我们的学生生活能力差，思想素质低，被动意识、依赖心理很强，从而大大影响了竞争意识的培养，直到大学毕业后还靠自己的父母帮助。而日本和一些发达国家非常崇尚公平的竞争，及早让学生独立生活，主动迎接生活、事业等各方面的挑战，从小就有很强的竞争意识，在未来的工作生活中就善于抓住机遇，淋漓尽致地发挥出自己的才能。在国际竞争中成功的国外企业也是如此。我们不少优秀大学毕业生，主动放弃优先挑选权，而去一家外企工作，大概一方面是为了检验提高自己的能力，另一方面是冲着外企经费宽松、富有竞争性的环境吧。因此，要想成为符合社会主义市场经济条件下的适应性强的合格人才，必须有很强的竞争意识。

## （三）培养竞争意识是大学生自身成长的需要

近几年来，在改革开放的大环境下，特别是在当前市场经济的大环境下，大学毕业生越来越感到择业对以后发展的重要性，甚至有些学生一进校门就为毕业做准备。其实这就是竞争意识日益增强的表现。目前，学校毕业生分配制度改革的趋向是：传统的统分配制度被打破，毕业生分配的中间环节、中间层次将逐渐减少，毕业生与用人单位通过学校、人才市场等调配部门直接见面，实行"双向选择"。随着人才市场的发育，绝大多数毕业生将进入人才市场择业。人才市场的良性运转，为大学毕业生提供了一个公平均等的竞争机会。在人才市场进行选择时，有些毕业生因缺乏竞争意识，一听说面试，就表现出紧张的情绪，这也是自信心不强、怯懦的表现。一份好职业，一个良好的成才环境也是靠强烈的竞争差异获取的。虽然,在大学生分配中,我们无法排除一些客观因素的干扰,但是,我们也越来越明显地体会到:在择业竞争中,门路关系、性别差异并不重要了,用人单位更重要的是看中了有内在实力的大学生。经过调查,在"双向选择"过程中,专业技术上乘、知识结构全面并具备较强适应能力的"一专多能"的优秀大学生备受用人单位的青睐,也就是说这类大学生有很强的竞争能力。因此,要想在择业时选择到顺心的工作,就要掌握更多的知识和才能,努力提高自己的择业竞争能力。在上学期间,大学生就应该以较强的择业竞争意识来指导自己的学习、工作、生活。在努力学好专业知识、掌握专业技术的同时,广泛地学习应用类学科,如外语、计算机、商务、管理等,并积极参加学校的社会活动,把自己培养成为具备多方面素质和较强适应能力、竞争能力的大学生,以百倍的信心迎接用人单位的挑选。

综上所述,竞争意识的培养是大学生择业指导的重要组成部分,并关系着社会主义市场经济条件下人才素质的高低。大学生只有具有较强的竞争意识,才能更好地把握住大学的学习机会,努力锻炼自己,以便以后顺利通过选择,找到理想工作。

## 三、培养良好的心理品质

大学生在高校要进行各方面的学习和提高,除了具备良好的专业素质、较强的工作能力、强健的体魄和优秀的道德品质外,还要逐渐培养将来参加工作所应具有的多方面优良心理品质,概括起来,一般包括以下几方面的品质。

### (一)坚定的自信心

大学生具有坚定的自信心是指大学生对自己的知识、能力、技术、体能等诸方面具有较为清楚的了解,能正确评价自己所具有的特长,并对自己的诸方面情况具有充分的把握。相信自己能够解决工作中出现的专业性问题,凭自己的实力一定能在工作中做出成绩。在没有别人的合作与帮助的情况下,相信自己能够圆满地完成组织交给的任务,以自己的为人与品质修养能得到别人的信任与理解。

大学生具备了这种良好的心理品质,在将来的工作中,能有足够的信心与勇气真正做到遇事不慌，沉着冷静，办事从容、得体，显得落落大方。这样就会赢得同事的信赖，鼓舞起自己的斗志，树立必胜的信心，并且有利于开展工作。

由于这种心理品质的存在，也就克服了刚刚走上工作岗位所带来的不适应感，避免产生由于过度担忧、焦急而形成的焦虑症、恐惧症等心理障碍，使心理得以健康发展。

## (二)强烈的事业心

事业心是指喜爱自己从事的事业，并肯努力在事业中取得成就，为党、国家和人民做出自己的贡献。

一个人的事业心是工作及学习的巨大思想动力，它能激励一个人为此奋斗终生。它的来源是大学生们正确的人生观、世界观及人生追求。要获得强烈的事业心，就必须从培养正确的世界观入手，具体来说，要对大学生进行爱国主义教育，热爱党、热爱人民的教育和社会主义教育，使青年大学生在正确的理论指导下，激发起事业心，这样，他们才能获得巨大的力量源泉。这些教育要贯穿于整个专业教育过程中，培养大学生"干一行、爱一行、专一行"的思想情操，使大学生时刻不忘记自己所肩负的历史使命及党和人民对大学生的殷切期望，努力培养起敬业精神。

事业心使将要走向工作岗位的大学生把自己的事业与人民紧密联系在一起，是青年人事业有成的有力保障。

## (三)朴素的心理品质

朴素的心理品质，是指即将走向工作岗位的大学生要虚心诚恳地向别人请教学习。对于刚刚毕业的大学生来说，由于在大学期间学习的专业知识是不够全面的，也没有亲自经过实践的检验，理论与实践会有较大距离，在工作中会遇到各种各样的问题，会有意想不到的麻烦，因此，要充分做好向别人请教学习的心理准备，不要以为自己是一名大学生，向别人请教是一种耻辱。

为培养这种心理品质，大学生在校期间要认真听取师长的教诲，多参加一些社会团体活动；要经常走出校门，积极参加社会活动，与群众多接触；要充分利用专业实习的机会，深入到基层工作岗位，向基层的同志学习请教，尽快完成自己从一个学生向一个职员的心理转换，同时，还要保持着学生时代虚心好学的态度。

只有具备了这种心理品质,才有可能在工作中博采众长,虚心听取别人的意见,减少工作中的失误,同时,也有利于建立良好的人际关系。

### (四)艰苦创业的心理品质

在这里提出的"艰苦创业"已远远超过原来的内涵和外延。他不仅仅限于物质生活条件的艰苦,还包括了克服困难和迎接工作中的挑战。大学生应时刻准备用艰苦创业的精神去对待一切困难。

也许有人这样想,到基层去的人有必要树立艰苦奋斗、艰苦创业的心理品质,到机关等条件好的地方就不需要了,这种思想是不对的,原因有二:其一,随着社会主义市场经济的不断深入,改革的日益深化,大学生的分配单位是"双向选择"的结果,是不以个人的意志为转移的。因此,在分配工作未进行之前每个人的去向都是未知数,因此,到艰苦的地方去适应新的环境的心理品质,是每个大学生都应具备的,否则突如其来的环境将使没有心理准备的大学生无法接受,容易导致厌倦症、恐惧症等心理障碍,以致影响正常的生活和学习。其二,退一步讲,就算分配到了条件优越的单位,也仍要注重艰苦创业。这是因为艰苦创业的精神有利于稳定情绪,度过工作中因出现资金、物质、人员短缺等因素引起的工作困难。提倡艰苦创业,具备艰苦创业的心理品质,也有利于进一步创造更高的经济效益,否则,条件再好,终究会坐吃山空的。

### (五)建立良好的人际关系的心理品质

建立良好的人际关系是工作顺利进行的有力保障。首先,建立良好的人际关系有利于扩展自己的知识面,增加自己的信息量,使自己能够在良好的人际关系中获得自己需要的知识与信息,古人云"独学无友,孤陋而寡闻",就是指人际关系在成才中的重要性。其次,人际关系是人类社会的要求。人都是生活在特定的社会中,生活中无时无刻不在与各种人打交道,大学生要使自己的思想、行为与社会规范相符合,才能完成大学生的社会化过程,从而达到认识社会、改造社会的目的。最后,良好的人际关系有利于形成健康的心态,通过树立起建立良好人际关系的心理品质,才能有人际关系的交往。通过人际交往,可以找出与自己品味、兴趣、理想等一致的人,进而相互补充,取长补短,使自己的兴趣、爱好、特长得以正常发挥,得以心理上的满足,有利于心理健康发育。通过人际交往还可以摆脱心理的孤独、寂寞,可以避免羞怯感、嫉妒等心理障碍。

具体地说,处理好人际关系要克服脱离工作、脱离实践的想法和做法,努力与工人、农民打成一片,这是处理好人际关系的关键。

### (六)承受挫折的心理品质

大学生在走向工作岗位之前要具备承受挫折的心理品质,有承受各种困难、迎接挫折的心理承受能力。这是因为在未来的工作中会遇到各种各样困难和挫折,尤其是刚刚进入社会、阅历浅、涉世不深的大学生,他们往往在工作之初,血气方刚,充满着多彩的理想,认为没有什么困难而言,大有初生牛犊不怕虎的气势。然而在现实中往往可能遇到一些意想不到的问题,对这些挫折和困难还会产生巨大的失落感等心理反差,在心理上受到伤害,产生情绪低落、忧郁等心理障碍,这使大学生的身心健康受到损害。为避免出现这种现象,在工作之前就应具备较强的承受挫折的心理品质,做好各方面失败的最坏的打算,才能有勇气面对现实,克服出现的暂时挫折。

综上,良好的就业心态准备就是选择适当的就业目标,一切从自身的特点、能力和社会需要出发,克服自卑胆怯的心理,树立自信心、不怕挫折、树立敢于竞争的勇气。所以每个毕业生对自己和自身能力都应有客观和正确的认识。只有这样,才能在求职中抓住机遇,从而避免盲目和减少失败。每个大学毕业生都应该有一个适当的自我定位,应该及早地进行职业生涯规划。客观地评价自己,认识自我,带着良好的心态去实现自己的理想目标。

# 第三节　大学生就业能力的准备

高等院校的毕业生已具有相当丰富的知识积累,但这并不等于他们已具备了相当的能力储备。知识的多少可以通过学校提供的学习成绩单加以证实,而能力的强弱却需要通过实践加以检验。尽管能力的培养需要以拥有大量的知识为前提,但用人单位在选择毕业生时更为看重能力。这是因为一个能力欠缺的毕业生，即使书本知识掌握很多，也很难适应工作，做出成绩。因此，大学生在学校学习期间，应把建立合理的知识结构与锻炼自己各方面能力有机地结合起来。只有这样，才能在今后的择业、从业过程中立于不败之地。

一个毕业生走上社会要胜任工作、取得发展，需要各种各样的能力，但概括起来分为三大类型的能力，即通用能力、专业能力、创新能力。

## 一、通用能力

通用能力，也称之为一般能力，即一个人在社会上从事任何一项工作都必须具备的能力。它包括自学能力、社会适应能力（也称环境适应能力）、人际交往能力、表达能力和组织管理能力等。

### （一）自学能力

自学，是独立获得知识和技能、培养能力、锻炼品德的一种自觉的学习活动。未来学家预言：21世纪的文盲，不是目不识丁的人，而是不会学习的人。"学会学习"是学习革命的主题，只有学会了自学，才能真正学会学习。如果不能学会自学，就不可能很好地培养独立思考能力，培养独立分析问题、解决问题的能力；就不可能很好地培养创造能力，也就不可能获得学业大成。

古今中外的成才者成功的事实说明：自学是最有效的学习方式；自学是广阔的成才之路，是造就人才的摇篮。任何人要想有所作为，都离不开自学。孔子是我国春秋末期著名的思想家、政治家、教育家，人们常说"孔子无常师"，就是说孔子完全是自学成才的。18世纪美国的富兰克林，仅上过两年学，12岁便开始了自学生涯，为他后来的发明创造打下了坚实的基础。毛泽东也深深得益于自学，他告诉人们："我学习中最有收获的时期是在湖南图书馆自学的半年。"著名科学家钱三强说："自学是一生中最好的学习方法。"在人的一生中，在校学习是短暂的，而自学是永久的。我们的命运靠学习来造就，特别是靠自学来造就。

### （二）社会适应能力

众所周知，一个不敢面对世界、不能接纳世界的人是不可能改造世界的。因此，即将面临走出校门，到社会上进行择业与创业的毕业生，今后要想有一番作为，就必须有意识地培养自己适应社会的能力。

作为一个在校生，在校期间应重视社会适应能力的培养，在日常生活中注重以下几个方面，以便逐渐把自己调整到一个较好的社会适应状态。

（1）积极参与社会活动。在社会活动中，培养从实际出发、正确认识客观现实的态度，不逃避现实也不做无根据的幻想，把自己置于各种事物之中，了解它，掌握它，并进一步改造它。

（2）主动面对各种挑战。与社会现实生活保持良好的接触，主动面对现实生活中的各种挑战，不回避现实中的各种矛盾。当遇到个人需要与现实矛盾时，从主观上要采取积极的态度而不是消极的等待，做到有条件地选择改造环境的条件，无条件地选择改造自身的办法。既不想入非非，又不自暴自弃，从而找到最佳方案。

（3）保持身心健康。在日常学习生活中，首先是尽量做到个人在营养、体育锻炼、休息等生理方面的满足；其次是在人际关系上获得心理上的满足，努力获得同学之间的友谊、支持、理解、尊重，提高和培养处事与处人的能力，提高个人的生活质量。

## （三）人际交往能力

所谓人际交往能力就是在一个团体、群体内的与他人和谐相处的能力。它包括表达理解能力、人际融合能力和解决矛盾的能力等。

要培养和提高自己人际交往的能力，必须注意做好以下几个方面。

### 1. 克服阻碍人与人之间相互交往的心理障碍

心理障碍是影响人们培养和提高相互交往能力的主要障碍，它像一座无形的大山，阻碍了人与人之间交往的进行。常见的心理障碍有害羞、孤僻、自卑、固执、过虑、封闭、干涉癖、强迫癖、嫉妒等。这些心理障碍的存在造成人们之间不想交往，不敢交往，从而影响了正常交往活动的进行。

### 2. 正确地认识自我与他人

自我认识在人们的交往活动中起着重要的作用，是建立良好人际关系的重要前提。过高地估计了自己的能力,给自己提出不切实际的目标,盲目冒进,会使别人认为你自命清高、骄傲自大,不敢同你交往。反之,对自己的实际水平评价过低,自暴自弃,破罐破摔,做出一些有损别人利益的举动,也会使人不愿与你交往。所以正确地认识自己,调节和控制自己的言行,在人际交往活动中是十分需要的。

认识他人不单是对一个人外貌特征的认识,而更重要的是对他的个性特征、思想品质、能力倾向的了解,同时还包括他在别人心目中的地位。在认识他人时,要防止成见和偏见,也就是人们常说的光环效应,即事前得到的印象定式作用,已形成的稳固印象。

3. 学会交往的语言艺术

在人与人的交往中,语言是传递信息、交流思想、表达情感的媒介,人际交往的艺术在很大程度上可以说是运用语言的艺术。

作为学生,在校学习期间,要敢于与同学、与老师、与领导、与员工打交道。积极与别人交流,善于与人交际,会从中学到很多书本上学不到的东西。

## (四)沟通能力

沟通是指信息的传递和理解。沟通的形式多种多样,最主要的方式是语言沟通,包括口头和书面、本地语言和外语及其他语言符号(如网络语言符号)等。除了语言以外,非语言方式的沟通也是沟通的重要组成部分。非语言沟通也常被称为身体语言,包括衣着、表情、神态、姿态、动作、距离等。在人际交往过程中,语言沟通和非语言沟通是并存的,并相互补充、相互印证。一般情况下,两者是一致的。但是,当两者相互矛盾时,人们大多愿意相信非语言沟通传递的信息。例如,某应试者自称专业如何精深,却在被问及专业知识时抓耳挠腮,支支吾吾。这个时候,招聘人员更愿意相信应试者说的不是真实情况。

能够准确、高效地将信息传递给信息的接收方,并能正确理解对方传递的信息,这是对大学生就业必备沟通能力的要求。

1. 影响大学生沟通能力的主要因素

(1)语言。当面对国际人士的时候,不能熟练使用国际通用语言就会无法进行沟通。此外，方言也会影响正常的沟通（在某方言通用地区使用该方言的情况除外）。

（2）心理。心理因素往往会影响信息传递的准确性，可能导致信息失真。

（3）观念、角色和环境。信息输出方与接收方之间观念、身份、年龄、背景等的差别都可能对沟通的结果产生不小的影响。

（4）沟通方式。采用不同的方式进行沟通可能导致沟通结果天差地别。

### 2. 培养沟通能力，提高沟通效能

大学生可以通过以下方法来培养沟通能力，提高沟通效能：站在对方的角度考虑问题；了解、掌握对方的情况；事前了解对方（招聘单位、招聘人员）的基本情况，会极大地缩小双方的距离，从而使沟通变得更加轻松；掌握、使用大多数信息接收者能够听懂的语言，熟练运用普通话和外语是基本要求；注重非语言方式的沟通；采用合理的沟通方式。对于同层级的人员，最好采取横向方式沟通；对于有上下级隶属关系和等级差别的，采取纵向沟通效果更好。

## （五）决策能力

一个独立处理问题的过程其实就是一个决策的过程，因此，决策能力就是独立处理问题的能力。以下是一些经常被运用到决策中的方法。

（1）排列组合法。将工作任务分解成数个阶段完成，每一个阶段设计数种解决方案，然后将阶段和阶段解决方案进行排列组合，从中选择最优方案实施。此方法比较适合一些可以分阶段完成的任务，但是比较烦琐。

（2）方面排除法。排除一些不合理的选项，逐步减少方案，最后在剩余的少数方案中选择。例如，在选择用人单位时，大学生可以从地域、行业、职业、薪酬等方面将不适合、不理想的用人单位排除，从而确定准备进一步联系的用人单位。此方法适合于具有平行性、多属性的任务，方法简单，而且最后结果的满意度较高。

（3）角色互换法。站在另一个角度（尤其是对立方立场）进行思考。这种方法是对正常决策思维的补充，而且在有对立方（反对者）时能够起

到一定的协调作用。例如,应聘者站在用人单位的角度审视自己。

(4)"决策树"法。适用于风险型决策,主要是通过概率估算,对各个方案的后果进行预测,进而选择行动方案。此方法对决策者有较高的要求。

## (六)表达能力

人们通常会对熟悉的、形象生动的、特点鲜明的信息产生积极的心理反应,印象深刻。因此,在表述时使用一些生动的、幽默的语言,列举具体的事例和数据,就可以增强自己语言的说服力和感染力,也会让人记忆犹新。

### 1. 口头表达能力

也称之为口才,是指人们在讲解、说明、回答某件事或某个问题时的语言能力。其能力的高低通常反映在口齿的清楚、语言的优美、节奏的起伏、用词的准确、逻辑的严谨等口语技能方面。一个人口头表达能力的高低,在走上工作岗位后会日益显示出它的重要性,如工作汇报、工作报告、会议精神的传达乃至人与人之间的交流等都需要,当你的口头表达能力强时,听者会乐意倾听,会把你的报告或讲话当作一种美的享受,愿意听下去,从而收到良好效果。反之,则会使听者或心不在焉,或昏昏欲睡,从而失去你所期望的效果。口头表达能力的强弱,同样也会在毕业生求职择业过程中发生效能,如回答招聘人员的问题,接受用人单位的面试时,口头表达能力往往是决定用人单位是否录用你的一个依据。

培养口头表达能力的唯一方法是自我锻炼,只有通过勤学苦练才能获得。

(1)努力提高口语水平。提高口语水平的方法是尽量争取扩大生活面,广泛地吸收各类信息,增大语言仓库的容量。如多接触文艺作品,包括小说、诗词、散文、电影、戏剧等。这些文艺作品都是文学家运用语言的结果,向它们学习,就等于向老师学习。另外,文艺作品所表现的生活是极其丰富的,甚至可以说包罗万象。因此接触文艺作品不仅能学到丰富的语言精华,也能学到丰富的生活知识,还可以直接从文艺作品中得到语言素材,可谓"一举多得"。

(2)锻炼文字朗读能力。选择报纸、书籍上面的文章,用标准口音进行朗读，请别人辨听，指出语气、节奏等是否适当，或借助于录音机进行自我评赏。同时，也经常跟随广播里的播音员进行说话练习。

（3）锻炼构思能力。给读过的文章列出提纲，同时在写任何文章的时候都先列提纲。

（4）锻炼辩论能力。请别人提出问题，由自己来答辩，对不同的观点和不同的问题进行细致的辩论。

（5）经常给自己创造演讲的条件。如积极参加学校、班级组织的演讲比赛，不断地在实践中积累经验。

（6）注意去除口语毛病。有的人在讲话时习惯于带"啊，这个这个……"或者"是不是……""对吧……""那么……"等。为了去除这些口语毛病，应在讲话时相对地放慢节奏，有意识地在两句话之间做稍微的停顿，同时保持轻松的情绪。

### 2. 文字表达能力

是指写作切合日常工作、学习与生活实际需要的，具有一定格式的实用文体的能力。对于大学毕业生来说，日常所涉及的实用文体包括计划、总结、报告、讲话稿、科研论文、会议记录、纪要、公告等。文字表达能力在工作中的作用是非常显著的，人类在总结经验和推广生产经验，反映和报告科学实验的某项成果，都离不开文字的表达。如果一个从事生产或科研的人，不能用文章把经验或成果反映出来，将会使工作受到极大的影响和损失。同样的道理，文字表达能力在毕业生求职择业过程中也发挥重要作用，比如求职信的撰写，个人简历材料的准备等，都依赖于文字表达能力，可见文字表达能力的强弱将直接影响到择业的成败。

培养和提高文字表达能力的方法有两条：第一是认真地读，第二是好好地练。二者缺一不可，前者是后者的基础。

所谓认真地读，首先是要多阅读，多读范文确实是提高文字表达能力的一个重要途径，古人说"读书破万卷，下笔如有神"，就是说的这一道理。认真地读就是要泛读与精读相结合，泛读就是要"博采众家，取其所长"，要选择各式各样文体的作品进行阅读，如好的论文、散文、小说、诗歌、剧本，以及自然科学书籍等都要阅读。精读就是对一些范文应仔细地读，反复地读，吸收其文中的精华之处。

好好地练就是要经常认真地练习写作。练习写作，是提高文字表达能力重要的一关。老一辈无产阶级革命家谢觉哉说："只讲不写，将终不会写，而我们的工作又需要写。那么，写罢！初写，一定写不好。不要怕丢丑，再来罢！"工作、学习、生活中有什么需要写的事情，例如，需要写个总结，心得体会，马上写好，作为底稿，然后把底稿当作一篇作文，照上面说的办法，仔细推敲，反复修改。

文字表达能力非先天生成的，只有靠苦练写作才能提高，别无"秘诀"。坚持不懈，持之以恒，反复练习，认真修改，才会出现左右逢源得心应手的"神来之笔"。

### （七）组织管理能力

组织管理能力包括对人的管理方面的能力和技术管理能力。对于每个高等职业院校的毕业生来说，在将来的工作中都会在不同程度上运用到组织管理的才能，这是现代社会对人才提出的新要求。

因为在市场经济社会里，人的社会属性需要进一步的强化，每个毕业生不管他供职于什么部门，从事哪项工作，都需要与别人进行合作协调，这实际上就是组织管理能力的具体应用。所以，近年来许多用人单位招聘毕业生的首选对象是学生党员和学生干部，这就是社会上看重毕业生组织管理能力的表现。因此，学生在学校学习、生活中，要自觉地培养自己的组织管理能力。那么，在校期间通过哪些途径来培养自己的组织管理能力呢？

首先是要抓住机遇。学校里也有各种各样的学生干部，大到学生会主席，小到宿舍舍长，以及众多的学生社团干部等，当干部的机会应该不算少。有些学生可能对有些社团中的职位和宿舍舍长之类的小干部不屑一顾，这是不对的。应该看到任何一个职位都可能使你的组织管理能力得到一定程度的锻炼，如果有同学推举或老师指定就应当仁不让。有些职位如无人承担，自己应主动要求承担，这份经历对你将十分重要。

其次是要注意时刻向别人学习组织管理方法，在学习的过程中揣摸、分析别人的长处和不足，从而提高自己。

## 二、专业能力

专业能力，这里主要是指毕业生的专业技术能力。高校的专业众多,其专业技术能力有不同的内容和要求。但是,不同专业之间仍有许多共性的方面,对各类专业的毕业生在专业能力要求上,一般包括以下两个主要方面。

(1)有坚实的专业知识,并了解相近专业的知识,具有理论联系实际、分析解决实际问题的能力。

(2)具有较强的实际动手能力,能熟练掌握专业各项基本技能。

## (一)专业基础理论知识

大学毕业生是从事专业性较强工作的专门人才。对所从事专业的知识应有一定深度的掌握,不仅要有量的要求,还要有质的要求,同时对与其专业相邻近的知识也要有所了解和熟悉,善于将其所从事的领域与其他相关知识领域联系起来。虽然说知识不等于能力,但是对职业能力来说,专业知识是基础,没有一定的专业知识,职业能力就无法形成和发展。比如学工科的,只有掌握了数学、力学、机械原理、机械零件、制图等知识,才能发展设计能力;学管理学的,只有学习了生产组织学、计划管理学、市场学、运筹学等,才能发展指挥现代企业生产的能力。

一个学生在专业基础理论知识掌握情况方面,也是许多用人单位招收应届毕业生时考察的主要内容,尤其是一些跨国公司、三资企业,都比较重视对应聘者及所学专业知识及综合能力的考察,因为这些用人单位招收应届毕业生的根本目的是为了积蓄人才资源。所考察的专业基础知识,往往是最基本的,甚至是些常识性的东西,但是有时许多学生的考察结果却令人十分遗憾。不过,即使有些大学生不具备相关的专业知识,也可能有较强的日常逻辑思维能力和运用能力。

## (二)专业基本技能

专业基本技能是所有应用型人才所必备的一种能力。专业基本技能的培养对大学生来说,是在校学习的核心部分。无论你在毕业后是从事技术推广工作,还是搞科研工作或在一线当操作工,专业基本技能的强弱都将直接影响到你的能量的发挥程度。

如何有效地培养专业基本技能呢？培养专业基本技能的基本途径是训练,也可称为练习。训练,或者说练习不同于机械重复,它是有目的、有步骤、有指导的活动。因此,要求每个学生在校训练专业基本技能时,应做到以下几点。

（1）要明确训练的目的和要求,掌握有关技能的基本知识。如果缺乏这个条件,活动内容固定不变,机械重复,对形成技能的帮助就较少。明确了训练目的,就形成了完成训练的内部动因,就会更加自觉地对待训练,否则就会使你感到枯燥无味。

（2）要掌握正确的训练方法。掌握正确的训练方法可避免盲目的尝试过程,提高训练效果。在训练时,首先要认真听取教师对动作的解释,仔细观摩教师的示范动作,获得关于训练的方法和实际动作的清晰表象,有了模仿的样板后,再自己训练。

（3）积极争取教师的指导。每次训练过程中,要争取教师对自己当前操作情况进行评价,帮助你找出动作中的错误,然后集中力量克服困难,改正错误。观察规范动作掌握者的实际操作,并和自己动作进行对比,找出差距,吸收经验。这样就可以使正确的动作得到巩固,错误的动作容易得到纠正。

（4）训练必须有计划、有步骤地进行。训练复杂的专业基本技能项目时,应把它划分成若干比较简单的局部动作,按计划、有步骤地进行训练,每一步都必须保证其准确性。在掌握了这些局部动作之后,再过渡到比较复杂的完整的过程上来。

（5）训练的次数和时间要分配适当。任何一项复杂专业基本技能的形成和保持,都需要有足够的训练次数和训练时间。不仅在技能形成的阶段要反复训练,就是在技能形成以后,也要继续参加复习式的训练,使之保持和提高。在开始阶段里,每次训练的时间不宜太长,各次训练之间的时距可以短一些。随着技能的掌握,可以适当延长各次训练之间的时距。

## 三、创新能力

创新能力,其实质是一种综合能力。它是各种智力因素和能力品质在新的层面上融为一体,相互制约,有机配合而形成的一种合力。作为高校的大学生,要想使自己成为生活的强者和事业的成功者,在校学习期间就应时刻注意增强自己的创新意识,通过下列方式培养自己的创新能力。

### (一)广泛收取知识,掌握必需的技能

能力的形成都是在掌握和运用知识的过程中完成的。人们常说,无知无能,多知多能。一种创新能力的形成也是这样,它是建立在丰富的知识、经验基础之上,是从知识、技能中产生出来的,虽然它不等于知识、技能,但要培养创新能力就必须多积累知识和技能。换句话说,创新能力作为一种高度的综合化能力,是由一系列能力有机结合而成的,只有经过刻苦学习以获得多方面的专门知识和技能,创新能力的形成才具有必需的基础。

### (二)培养超凡的想象力

创新活动是突破旧习惯、旧的思维定式,创造出前所未有的新事物。创新活动没有既定的套路与答案做参考,它的一切活动完全是向未知的神秘领域探索的过程。这就要求创新者有超凡的想象力。大凡具有创新能力的人,他在想象力上都表现为现实幻想型。

### (三)培养创造性思维

培养创新能力,得从培养创造性思维开始。创造性思维是指运用已有的知识经验,通过想象而产生的崭新的思维过程。它包括发现问题和解决问题的思维。一切创新活动都离不开创造性思维。

要培养创造性思维,除要有正确的创造动机与思维品质以外,一是应养成敏锐的观察力。俗话说,"处处留神皆学问"。鲁班从荆棘划破手的观察中发明了锯;嫘祖从对野生蚕虫的观察中,发明了养蚕缫丝。创造性思维大多来源于观察,对观察到的现象视而不见,就不会提出为什么,更不可能透过现象找到规律,有所发现,有所发明。二是养成积极思维的习惯。见惯不惊,习以为常,不动脑筋是创新的大敌。数千年来,人们见到苹果成熟后落地,并未提出为什么。牛顿看到苹果落地就能提出苹果为什么不往天上飞,而要往地下落。为了解开这一疑问,他努力去研究,终于发现了万有引力定律。三是善于曲线思维。曲线思维是一种转变快的思维形式,即能不断变化思考问题的角度。实践证明,不少创造发明都是从迂回思维中偶然所得的。

# 第四节 大学生就业材料的准备

## 一、就业信息的获得

就业信息就是与毕业生就业有关的消息和情况，具体来说包括国家宏观就业政策、毕业生就业形势、社会供需比例与结构、未来行业发展趋势、高校的政策制度等综合信息以及用人单位发布的、择业者未知的、经过加工处理后被求职者所接受并对择业者具有一定的职业或职位价值的、客观存在的就业信息、资料和情报的总和。

### （一）就业信息的收集和利用

#### 1. 就业信息的类别

就业信息是对与就业有关的所有信息的统称。它主要指与大学应届毕业生求职就业有关的信息，包括国家和地区颁布的劳动与就业相关法规、政策，经济政治形势和发展趋势，就业现状和发展趋势，当年毕业生数量，不同行业不同职务的薪资水平和用人单位的岗位需求信息等。

就业信息按形式分，可分为有形信息和无形信息。有形信息是指以特定物质为载体的文字或图片信息，如报纸杂志、互联网上发布的信息。无形信息是指大家口耳相传的信息。

按信息的真伪分，可分为真实信息和虚假信息。求职信息的真实性是求职成功的根本保证，但由于各种原因出现虚假信息的情况，从而误导大学应届毕业生，因此大学应届毕业生应提高防范意识，避免这类虚假信息的误导，甚至落入"求职陷阱"。

按信息的作用分，可分为有效信息、低效信息和无效信息。真实的信息不一定是有效的，信息的有效性因人而异。例如，一条招聘计算机软件工程师的信息对一个有志于将来从事对外贸易工作的人而言就是低效或者无效的。

按信息的内容分,可分为背景信息和岗位信息。所谓背景信息是指有关就业背景的资料、政策规定、就业形势等。例如,全国各省、直辖市、自治区对接纳大学应届毕业生的规定,大学应届毕业生报考国家公务员的规定、流程和要求,各地对大学应届毕业生自主创业的优惠条件等均属背景信息。岗位信息是指与岗位直接相关的岗位需要、应聘条件、福利待遇等方面的信息,如用人单位或人才中介机构发布的招聘信息。

2. 收集就业信息的意义

大学应届毕业生若能充分利用上述各种就业信息,可以达到以下目的。

(1)可以更好地掌握和运用就业政策

近年来,中央和地方对大学应届毕业生的就业问题相继出台了一系列相应的政策。2002 年国务院办公厅出台了《关于切实做好普通高等学校毕业生就业工作的通知》,文件充分体现了党和国家对大学生就业问题的高度重视,同时也为大学应届毕业生就业工作指明了方向,明确了任务,提出了要求。毕业生应认真学习、努力掌握和积极运用这些就业政策,为就业奠定良好的基础。

(2)可以更好地了解和融入人才市场

近年来,我国高等教育实现了前所未有的跨越式发展,毕业生人数迅速增加,相应的就业形势日趋严峻。大学应届毕业生对此应有充分的认识,尽早了解人才市场,并以此来树立正确的职业定位,珍惜在校学习时间,全面提高自身素质,增强在人才市场上的竞争力。

(3)可以更好地寻找和确定就业单位

在毕业生就业单位确定之前,在一个不算短的时期内,可能会经历一场"寻寻觅觅"般的苦闷和焦虑的人生体验。不过,如果毕业生懂得如何去搜集和运用各种就业信息,就有可能从容得多,可能会在更短的时间内寻找到更多合适的就业岗位。同时,由于对自己和就业单位都有相当的了解,也更有可能在较短时间内确定就业单位。

## (二)就业信息的分析、筛选与应用

1. 处理就业信息的基本原则

近年来,随着国家经济的快速发展,社会对人才的需求量大大增加。

但由于连续几年高校招生规模的扩大，特别是由于受传统教育理念影响，有的专业设置不合理，招生时缺乏长远眼光，招生人数过多，有的专业课程设置过于陈旧，培养出来的毕业生不适合社会的需要，导致出现了人才需求的结构性矛盾。高校毕业生就业难问题日益突出，毕业生的薪资水平较前几年有下降趋势。作为即将走向工作岗位的毕业生，应自觉地投入到市场经济的浪潮中去，在实践中学习，在实践中实现自己的人生价值。

大学生面对严峻的就业形势、众多的竞争对手，要想获得择业的成功，首先应摆正位置，正确评价自己。有的同学盲目自信，认为自己来自名校、成绩优秀、专业需求旺、求职门路广，对未来就业的期望很高，而对自己的劣势和困难估计不足，在求职中高不成、低不就。另一些同学则在求职中显得过于自卑、胆怯，尽管具备了一定的实力和优势，但总觉得自己这也不行、那也不行，缺乏竞争的勇气和自信，一旦受挫，更加沮丧、泄气。还有一些同学在择业时存在盲目的从众心理，缺乏对自己的正确评价，弄不清自己到底适合做什么工作，择业时人云亦云，什么岗位热门就往什么岗位挤。比如，很多人一心只想进大城市，工资福利待遇要好一点，全然不顾自身的实际条件。

**2. 处理就业信息的基本程序**

**（1）筛选**

所谓筛选是指毕业生根据自身的求职需要对所收集到的就业信息进行一定的筛选。即要做好去伪存真、去粗存精的工作，这是处理求职信息的重要一步。筛选的重点要求应考察三个方面：信息的真实性；信息的时效性；信息的价值性。

首先，毕业生要对收集到的就业信息的真实性予以认真分析，将那些不真实的信息筛选掉。一般来说，来自各级毕业生就业指导中心的就业信息真实性较高，比较值得信赖，由各级教委或高教厅、人事厅、人事局举办的毕业生供需见面会提供的信息也是比较可靠的。那些来自报纸杂志或互联网上的信息，其可信度相对而言要低一些。

其次，毕业生要仔细判断就业信息的时效性。有的就业信息的确是真实的，但有可能是几周前，甚至几个月前的信息。这类信息的时效性就比较差，有可能当知道信息时，用人单位已经招聘满了所需人员。

最后，毕业生要认真分析就业信息的价值性，对于那些真实性高、时效性强的就业信息,毕业生要认真分析它们所具有的不同价值。比如说某些岗位信息符合自己的职业定向、爱好、兴趣、发展要求等,那么这类信息就比较有价值;反之,就是没有价值的就业信息。

（2）求证

对于那些已经筛选过的信息,毕业生还要做一些求证工作,以验证自己对于这些就业信息的真实性、时效性和价值性的初步推断。比如,可以通过电话咨询、网上查询、实地访问等方式了解用人单位各方面的情况,还可以通过对该单位比较熟悉的亲朋好友或学长、校友了解有关情况,以此来修正和补充有关就业信息。

（3）归类

就业信息虽经筛选和求证,但仍纷繁复杂。毕业生不管是查询还是利用这些就业信息,都还不太方便,因此还需要对所有信息加以归类。毕业生不妨以就业信息的各种属性为依据,分门别类地加以整理,如按政策、趋势、岗位信息等分别归类。如与就业有关的岗位信息,则可以根据自己的就业意向,按其行业、薪资、前景、兴趣、离家远近等进行归类整理,必要时可赋予各岗位信息不同的分值,最好能做成相应的数据库。通过归类,毕业生可以详细分析各种就业信息,并进行比较,最后作出决定。

（4）行动

上述三方面的工作都是为求职做准备的,接下来就要开始最需要的行动了。行动有很多种,比如,给用人单位人事部门打电话,寄自荐信,参加有关供需见面会,托亲朋好友打听或直接到用人单位拜访、毛遂自荐,说不定会有意想不到的收获。

## 二、就业自荐材料准备

就业自荐材料包括求职信、个人简介、毕业生推荐表及其他各类求职证明材料等。

### （一）求职信

求职信是求职者针对用人单位来介绍、推荐自己,以谋求工作职位的一种专用书信。通常,求职信分为两种,第一种是求职者主动向某单位介绍和推荐自己,来申请某种职位/职务的信件;第二种是根据对方的招聘启事,应聘其中某一职位、职务的书面信函。"见文如见人"——它是求职者自我形象的书面表达。

**1. 求职信的特点**

(1)自荐性

写作求职信的目的就是为了要把自己推销给用人单位。因此求职信的写作重点是突出实力。着力点应放在说明"你为什么比别人更适合这个位置",使自己更容易在众多的求职者中脱颖而出。

(2)针对性

写作角度是以对方为中心,根据对方对人才的要求而突出自己的优势。处处注意强调你能为未来的雇主做些什么,而不是要求他们为你做什么。

(3)简明性

求职信的篇幅简短。在介绍"个人经历"时,千万不可展开具体叙述和描写。凡对应聘职位一点帮助都没有的内容一律不写。多用短句、排比句的求职信,可以给人干练的形象。

**2. 求职信的结构与写作**

标准的求职信由标题、称谓、正文、祝福语、落款、附件六要素组成。

(1)标题

求职信的标题一般写"自荐信",目的、对象十分明确时可写为"应聘函",也可写为"求取部门职务的信"。

(2)称谓

顶格称呼招聘方负责人。一般写为"姓＋职衔/官衔"的形式,如"尊敬的刘经理""尊敬的林教授"。

对招聘单位领导不了解,也可以不冠以姓而直呼其官衔,以示尊重。如"尊敬的总经理""尊敬的校长先生"。

(3)正文

表态。在简短的问好或致谢后,开门见山说明来意。

自我推介。重点突出教育工作背景中与未来雇主最有关系的内容:对专业知识掌握的情况及校内成果。针对自己求职的岗位介绍在校内学习期间取得的成果,包括优异的成绩、对专业课的扎实学习、获得的荣誉、取得的从业资格证和专业技能证、发表的论文、兴趣爱好性格等。

课下实践及在实践中培养的能力。介绍自己课下参与的社会实践和兼职工作的情况以及在此过程中个人能力的培养和提升。以此来证明自己具有一定的工作经验，比他人能更好、更快地适应此工作岗位的需求。如果是应聘信则需重点说明自己的工作经历经验、个人能力以及在旧单位中的任职情况，必要时还需说明自己选择新单位的原因。

承诺与请求。重申对所应聘职位的热情，给予承诺，并请求招聘单位给予面试机会。

（4）祝福语

求职信的文末可写"祝愿贵公司事业发达、蒸蒸日上""祝贵校广纳贤才，再创佳绩"一类的祝语，也可写"此致敬礼"一类敬语。

（5）落款

求职信落款应署名署时。可写"求职者/自荐人：××"，也可写"××敬呈/敬上/呈上/谨上"以示礼貌与谦逊。

（6）附件

有针对性地附上重要的证明材料。如专家推荐信、学历证、成果（专著、论文、奖项）、经历与实践证明、能力证明等。

### 3. 写作要求

（1）注意细节，检查结构、语法，甚至标点。否则会让招聘方认为应聘者未受到过良好的教育，或者认为求职者对此次求职并不重视。

（2）不可在求职信中盛气凌人，苛求对方，更不能有无理的要求。最好不写"贵公司规定待遇，鄙人并无特别要求，请录用""倘能提供一些贵单位的情况及待遇情形，则感激之至"等。

（3）内容应绝对真实，态度要诚恳，忌过度吹嘘。不需要任何豪言壮语，也不用使用任何华丽的词汇，只要让对方读来觉得亲切、自然、实实在在即可。

（4）要尽可能地方便你的雇主，文末记得留下可以随时联系到你的电话和电子邮箱地址。

## （二）求职简历

简历，就是反应求职者个人的简要经历，也可以说是一个人生活、学习、工作经历与成绩的概括总结，它提供给阅读者的信息应该是全面而直接的，用人单位从求职者的简历中，能够看出他的业绩、能力、性格、经验方面的综合表现，是用人单位对求职者进行分析、比较、筛选，最终决定录用的主要依据。

求职简历是自荐材料中最重要的部分，所以，无论是在格式上还是在内容上都要做到最好。

### 1. 求职简历的基本内容

（1）标题

一般为"简历""个人简历"或"求职简历"。

（2）个人基本信息

主要包括姓名、性别、出生年月、民族、政治面貌、家庭住址、邮政编码、联系方式、电子信箱等有关信息。

（3）受教育情况

用人单位主要通过受教育情况了解应聘者的教育背景，所以学历一般应写在前面。包括就读学校、所学专业、主修课目、所获学分（成绩）、学位等，一般不包括初、中等教育经历，特殊需要除外。目前比较流行的时间排序是倒序，由高到低，即高学位、高学历先写。目的在于突出你的最高学历。

（4）技能和特长

对于毕业生，特长就是你拥有的技能，包括写作、外语、计算机、体育和音乐等，如果通过国家级考试的，应一一罗列出来。另外，毕业生除了达到学校相关的教学要求外，还应写上自学取得的各种资质或等级证书、驾驶资格证等。

（5）社会实践和课外活动

这是简历的主体部分、核心。近年来，越来越多的用人单位希望招聘到具备一定应变能力、能够从事各种不同性质工作的大学生。学生干部和具备一定实际工作能力、管理能力的毕业生颇受用人单位的青睐。

（6）实习和相关成果

实习提供了理论联系实际的机会，增加了阅历，积累了工作经验，应尽可能将实习经历和实习单位的评价写详细，并强调收获。例如大学期间已发表过的文章、论文、成果，将是一个有力的参考内容，应写进简历并注明发表时间和刊物名称。

（7）所获荣誉

在学校里获得过何种奖励，取得的某种成就。包括优秀学生、优秀团员、优秀学生干部、奖学金等方面所获得的荣誉。各级各类的奖励记录，应附有复印件。

（8）求职照片

照片是一种无声的语言，他会给观赏者以直观、形象的影响，从而产生联想、加深印象。求职照片的主题是求职者本人，主要展示本人个性化的真实一面，一般用近期正规的半身免冠照即可。

（9）求职目标或意向

求职者根据用人单位的招聘信息，说明自己主要应聘什么职位，一般写上 1～2 个，而且这两个求职的目标不要相差太远。当你不知道用人单位的职务空缺情况时，就只能根据自己的专业特长、兴趣爱好表明求职意向。对求职的表述应力求简要清楚。

（10）自我评价

在简历的结尾留出一段，用 100～200 字写一份个人鉴定。

**2. 求职简历的撰写原则**

（1）简历不要太长

一个企业，特别是大企业，会收到许多份简历，工作人员不可能每份都仔细研读，一般只会用 1 分钟左右的时间看完一份简历，所以，简历尽量要短。如果能用一页纸就能清楚地表达自己，就千万不要用两页纸。

（2）简历中一定要真实客观

求职简历一定要按照实际情况填写，任何虚假的内容都不要写，即使有人靠含有水分的简历得到面试的机会，在面试时也会露出马脚。

（3）简历上要写明求职的职位

每份简历都要根据你所申请的职位来设计，突出你在这方面的优点，不能把自己说成是一个全才，任何职位都适合。

（4）在文字、排版、格式上不要出现错误

用人单位最不能容忍的事就是简历上出现错别字，或是在格式、排版上有技术性错误以及简历被折叠得皱皱巴巴、有污点。打印简历一定要用白色或鹅黄、浅蓝色的 A4 纸，字体最好用宋体，字号最好用小四，黑白打印，简历最好不要折叠。

（5）简历不必做得太花哨

简历过分标新立异有时反而会带来不好的效果。首先，一个经验丰富的招聘者可能会认为你过分修饰简历是一种华而不实的表现，进而推想你的工作态度也是夸夸其谈、眼高手低的。其次，当招聘者拿到一份精美的简历时，他对简历内容的期望值也会增加，而一旦这份简历内容的精彩程度无法与他的形式相配，招聘者的失望感也就会更强烈，这无形中提高了对简历的筛选标准，对应聘者有害无益。

（6）简历言辞要简洁直白，不要过于华丽

大学生求职简历的很多言辞过于华丽，形容词、修饰语过多，这样的简历一般是不会打动招聘者的。

# 第六章　掌握技巧：大学生就业技巧研究

大学生要想顺利就业，除了要具有扎实的基础知识外，还要掌握一定的就业技巧，本章主要对大学生笔试的技巧、面试的技巧以及识别和防范就业陷阱的知识进行了简要研究。

## 第一节　大学生笔试技巧研究

### 一、笔试的概念

笔试主要是用以考核应试者特定的知识、专业技术水平或重点考核应试者文字能力，以及基本素质的一种书面考试形式，它是用人单位对应试者的基本知识、专业知识、文化素养和心理素质等方面进行的综合考查和评估。[①]

图 6-1　笔试

---

① 夏忠. 大学生职业生涯规划与就业指导[M]. 北京：北京理工大学出版社，2017.

## 二、笔试的种类

根据考核内容和方向的不同,笔试可以分为以下几大类(表 6-1)。

**表 6-1 笔试的种类**

| 笔试的种类 | 具体阐述 |
| --- | --- |
| 知识测试 | 知识测试是指由用人单位给出范围或特定要求,让应聘者通过作文来考查其知识、思维、文字表达能力的一种笔试。知识面广而深的求职者可以在较短时间内适应岗位需求,完成从大学生到职业人的转变,从而节省用人单位培训员工的时间和成本,所以用人单位招聘员工时需测评求职者知识掌握的广度和深度。知识考试内容分布广,涵盖了政治、经济、社会和人文的方方面面 |
| 心理测试 | 心理测试是用事先编制好的标准化问卷要求被试者完成,根据完成的数量和质量来判定其心理水平或个性差异的方法。国外一些重要职务的考试录用,招考小组中往往聘有一位心理学专家负责对应试者进行心理方面的测试。测试方法包括笔试法(填空、判断、选择等)、透射测试、量表法、仪器测量法等,如"内倾与外倾测试""命令与服从测试""职业兴趣表"等 |
| 性格测试 | 针对求职者的性格差异,用人单位通常通过性格测试进行人员配置。追求完美性格的求职者,用人单位把他安排担当原则性较强的工作,一般不会安排在灵活性较强的营销类岗位 |
| 智能测试 | 智能测试包括智商测试和能力测试。<br>1. 智商测试<br>智力不仅决定着人才其他能力的高低和培养的快慢,更重要的是智力高的人才其学习和工作效率高,潜力大。多数心理学家认为,智力虽然经过后天的学习和实践后有所提高,但它仍然具有较强的自然属性,遗传因素起主要的决定作用。 |

续表

| 笔试的种类 | 具体阐述 |
|---|---|
| 智能测试 | 2. 能力测试<br>能力测试主要考核求职者的理论知识同具体实践相结合的能力、人生观、价值观以及发现问题、分析问题、解决问题等综合能力。它能检验个人处理实际问题的速度和质量。能力测试往往通过模拟工作测试来实施。这种考试一般根据用人单位多年积累下来的经验进行设计，题目往往较难，要求应试者具备一定的知识，这是建立在平常积累的基础上的，临时抱佛脚者恐怕难以通过 |
| 专业考试 | 这种考试主要是检验应聘者担任某一职务时是否能达到所要求的专业知识水平和相关的实际能力 |
| 技能测试 | 技能主要包括毕业生熟练操作和使用计算机、英语会话和阅读能力，以及在财会、法律、驾驶等方面的能力 |
| 论文笔试 | 论文笔试是指用人单位为了考查应聘者的文字表达能力、分析、综合、比较、归纳问题的思维能力，采用论述题或自由应答型题的形式进行的一种笔试。比如限时写出一份会议通知、某项工作请示或情况总结等。它一般适用于选拔从事较高级的、要求创新能力的管理职位或技术岗位人员 |
| 国家公务员考试 | 国家机关公务员的录用考试是对个人能力的全面考核，出题形式灵活，但不是不容易把握，只要多练、多看、多想，通过考试不是件难事。大学毕业生求职中遇到的多是这种考试。国家机关录用公务员，一律经考试录用。其录用考试包括行政能力和公文写作两部分 |
| 职业倾向测试 | 职业能力倾向测试可以有效地测量人的某种潜能。用人单位通过测试了解求职者的职业倾向，根据求职者的职业倾向配置职位，有利于发挥人的才能，创造健康的心理氛围和稳定的工作情绪，保证工作绩效。许多职业倾向测试的题目通常都没有正误之分，怎么答都不会错，因为用人单位只考察性格、兴趣等方面的内容 |

## 三、笔试的特点

笔试具有显著的特点，概括来说主要包括以下几方面（表 6-2）。

**表 6-2　笔试的特点**

| 笔试的特点 | 具体阐述 |
| --- | --- |
| 客观性 | 笔试的试题、评分标准以及考试时间等情况对于广大考生是一致的，另外，现在的考试也越来越多采用客观题的题型和密封改卷的方式来进行。所以，与面试相比，笔试受面试官感情因素的影响较小，具有客观性的特点 |
| 专业性 | 在实际的考试过程中，用人单位组织的各类招聘考试往往与其行业有着密切的联系，最终目的也是为了检验求职应聘者的真实专业水平以及相关的实践能力是否适合工作岗位的客观需要。因此大学毕业生要尽可能地选择专业对口的用人单位 |
| 公平性 | 由于笔试的规范性和客观性的存在，因此广大考生处于同一条起跑线上公平竞争，这就有利于从众多的考生中间选拔真正优秀的人才 |
| 广泛性 | 与面试相比，由于笔试不太容易受时间、空间上的限制，因此用人单位往往会在同一时间组织多人参加笔试，从而在更加广泛的范围之内择优录取，选拔出真正需要的人才 |
| 规范性 | 无论是关于考试命题、考场的设置，还是考试的进行，到评卷以及最后成绩的公布，这一系列过程都非常强调规范，禁止泄露命题、操纵考场等各种徇私舞弊行为的发生，以此来保证笔试的客观性及公平性 |

## 四、笔试的技巧

（1）了解笔试重点，进行认真复习。

第一，加强锻炼。良好的笔试成绩来自平时的积累。读书期间能刻苦学习，基础扎实的毕业生在笔试时会信心十足，得心应手。

第二，及早树立就业意识，提前做些就业方面的准备。

第三，查阅一些笔试的试题，有针对性地加强一些这方面的锻炼。

（2）在拿到试卷之后首先要看一下试卷是否完整，是否存在缺页的现象，千万不要等到试卷答了一半之后才发现试卷有问题。

（3）拿到试卷之后还要从头到尾大致看一下题目的难易程度，在有一个大致的了解之后可以分先后进行答题。

（4）答题之前一定要看清题目的要求，千万不可因马虎而导致答非所问。

（5）在考试过程中一定要有信心，要镇定自若，会的要认真做，即使不会，要先放一放，先静下心来将会做的全部做完，然后留有充足的时间去考虑比较难的题目。

（6）在做题时要认认真真地去做每一道题，做完之后再认真检查一遍，千万不要在做完之后不去检查而是去评估自己的分数，这样一点意义也没有，就是浪费时间。

（7）对于选择题，笔试时有以下几种技巧。

第一，可以采用排除法，选择最适合的选项。

第二，可以采用印象认定法。根据印象的深刻来选择答案，此法命中率较高。

第三，可以采用大胆猜测法，以上方法都不行时，为了节省时间，可以通过猜测来回答，此方法也有一定的命中率。

（8）对于判断题，笔试时有以下几种技巧。

第一，应注意根据题目内容判断所作的结论是否明确，表述是否清晰。

第二，分辨表现形式，确定解答思路。

第三，辨析设错方式。解题关键在于能否正确地找出或辨析设错方式，设错方式很多，有事实错、前提错、逻辑错、隶属关系错以及概念使用、词语表达错等。

（9）对于填空题，应聘者要正确作答，必须准确地记忆答案内容。在解答前要认真审清试题，搞清题意，先明确空白处应填写的内容与试题叙述的内容之间的关系，才可填写答案。

# 第二节 大学生面试技巧研究

## 一、面试的概念

面试是指为了更深入了解应聘者的情况,判断应聘者是否符合工作需要而进行招聘人员与应聘者之间的面对面的接触。面试是招聘者对应聘者的口头测试过程。面试已成为用人单位选拔人才的必要手段(图6-2)。

**图 6-2 面试**

## 二、面试的特点

面试具有显著的特点,概括来说主要包括以下几方面。

### (一)面试是一个双向沟通的过程

在面试过程中,面试官可以通过谈话和观察来评价求职者,求职者也可以借此机会了解自己想要知道的信息,以此决定是否可以接受这一工作。

## （二）面试以谈话和交流为主要手段

在面试过程中，面试官精心设计谈话题目，求职者应当恰当、顺畅地回答面试官提出的问题。

## （三）面试具有直接互动性

面试官和求职者面对面交流，双方的接触、观察直接互动，信息交流和反馈也相互作用，因此，求职者的语言及行为表现与面试官的评判直接相连。

## 三、面试的原则

### （一）诚恳原则

面试前充分准备，临场时充分表现自我，这些都是诚恳的最好表现。

### （二）走向成功的自信原则

不管在什么条件下，应试者始终要向用人单位传递这样的信息：你拥有帮助用人单位实现预期目标的潜在能力，是单位的有利资产而非包袱。

### （三）充分拓展合作能力的原则

面试时，应试者应举例说明在校期间开展的各种社团活动的组织、实施及获奖情况，因为这些内容牵涉进入用人单位后与主管、同事配合工作的问题。一个容易与人沟通、协调的应试者往往更能得到主考官的青睐。

## 四、面试的作用

### （一）考查求职者的知识与能力

面试时，用人单位一方面对自荐材料的内容产生第一印象；另一方面当场考核应试者是否具有真才实学，虽然看重学习成绩，但更注重了解应试者的能力。近几年来，一些在校期间曾获得科技竞赛奖项的高校毕业生颇受用人单位的欢迎，即使文化课的学习成绩有一些距离，照样受到用人单位的青睐。知识与能力相互渗透，灵活运用，是应试者在面试时所具备的基本功(图 6-3)。

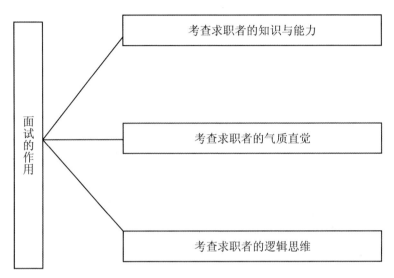

**图 6-3 面试的作用**

## (二)考查求职者的气质直觉

面试时，用人单位对应试者是属于何种气质类型的人才，是性格内向还是外向，通过问题的回答，短暂的十几分钟，就了解得十分清楚。用人单位首先从应试者的气质进行分类，然后根据岗位要求加以优化组合，决定取舍。从用人单位的角度来讲，通常需要有一定的活动能力，能办事的人才，因为这样的人才对社会的适应期较短，上手快，培养成本最低。因此，大学生在校期间除了完成学习任务外，要努力提高自身的内在素质，通过参加社会各类活动，不断提高分析问题和解决问题的能力。

## (三)考查求职者的逻辑思维

面试时，用人单位通常从某一侧面提出对某一件事情的处理，某种环境中如何开展工作，不同性格的合作伙伴的相处，对某单位或个人的看法与认识等若干问题请应试者当场回答。这就需要应试者具有临场冷静应战，善于把握重点、层层分解、思路清晰的能力。因此，高校毕业生在平时利用某一特定环境，有意把自己投身于这一环境中进行学习、工作与生活，理论联系实际，通过对一系列问题的处理与思考，不断总结解决问题的最佳方法，经过长期多次的实践和磨炼，逐步提高用逻辑思维的方法处理现实生活中各种问题的能力，为今后的就业面试打下良好的基础。

## 五、面试的准备

### （一）认识自己

通过跟家人和熟悉自己的老师、亲友倾谈，征询他们的意见，促进自我了解，从而做好自我介绍。

### （二）了解对方

为了使面试工作进行得更充分、更主动，面试前应试者必须对面试单位进行摸底调查，对其全面了解，做到心中有数。其工作思路可以从以下几方面考虑。

1. 性质

指面试单位的类型，包括政府部门、国有企业、事业单位、民营企业、私营企业、股份制企业、有限责任公司、中外合资企业、独资企业、跨国公司等。

2. 规模

指面试单位的注册资金、资产总值、职工人数、专业技术人员数、企业建立时间、总公司地点、子公司或分公司地点等情况。

3. 产品

指面试单位的主要产品、经营范围、国内经销产品、国外经销产品、合作开发产品等内容。

4. 企业发展前景

指面试单位近期产品生产量为多少、销售量为多少、利润额为多少。运用这些基本数字分析面试单位是属于"朝阳企业"还是"夕阳企业"。

5. 待遇

指面试单位的人事制度、初级工资、奖金情况、加薪时间、现阶段的失业保险、养老保险、医疗保险、公积金福利待遇等。

6. 单位的主管部门

指面试单位的上级主管部门。了解其有无进入审批权,为签订协议做准备。

## (三)面试资料准备

第一,要把自己的求职材料:简历、各种证书、奖状、证明材料、推荐表和成绩单等的原件、复印件、照片准备好,按顺序排好、装订,整齐有序地放在书包或文件夹中。

第二,要带记录本和笔,以备急需。

第三,要准备一个大小合适的公文包或书包。

## (四)面试心理准备

1. 思想上充分重视

对于大学生来说,参加面试,尤其是第一次参加面试,其经验至关重要,一定要在思想上重视起来,不要抱着试一试、结果无所谓的态度。

2. 树立求职面试的自信心

从学校生活到参加工作,这是人生的又一转折点。所以大学生在参加面试时要克服畏惧心理,增强自信心。要看到自己的长处和优势,消除自卑感,以挑战者的姿态去迎接求职面试。

3. 增强面对挫折的心理承受能力

对大多数同学来说，求职不可能一帆风顺、一次成功，会遇到各种意想不到的挫折。因此，一定要有面对挫折的心理准备。要冷静地分析失利的原因，多从自身查找原因，增强面对挫折的心理承受能力，及时总结教训，适当调整求职目标，以迎接新的挑战。

4. 明确应聘动机

面试时，用人单位往往要向应试者提出"为什么你要应聘这份工作"的问题。这个问题几乎成为所有用人单位必问的重要话题。通过应试者的表述，用人单位能了解应试者来本单位工作的目的和动机，考查其工作态度是否端正，是否有培养前途，能否在本单位长期工作。为了考查应聘动机，用人单位并不是把所有的一切讲得很好，有时也实事求是地反映本单位的问题，如福利待遇偏低、工作辛劳程度较高、工作责任较大等，即丑话讲在前面，试探应试者是否真心诚意来本单位工作。有些应试者应聘动机不端正，经不住考验，听到这些情况就开始退却，从而使得面试成功率大大降低。

## (五)训练语言能力

1. 书面表达能力训练

面试单位要对应试者的文学水平、书法水平进行考查，即考查应试者是否具备一定的人文素质及对文字的理解能力如何，应试者的字写得如何。如果这方面能力欠缺，往往会给用人单位留下文学修养不高、字写得不怎么样的印象，直接影响面试结果。

2. 口头表达能力训练

自从跨进大学校门，大学生就要积极参加各种集体活动，有意识地加强语言表达能力的训练，逐渐养成与陌生人自如交谈的习惯，课堂讨论大胆发言。口头表达能力的训练不能等到面试时才去锻炼，否则会因为见人就脸红，不敢开口说话，而自动失去摆在面前的就业机会。

3. 问题归纳能力训练

表达一件事或做自我介绍时,如果讲了半天,听者不知道你在讲什么,那就说明表达没有抓住重点,思路比较乱。因此,面试前要将需要表达的问题进行重点和一般分类,按前后次序加以整理归纳,以此来提高面试效果。

4. 交流协调能力训练

面试主考官出一道工作难度较大、人事关系较复杂的问题让应试者解决。即在复杂的人际关系中如何协调工作中的各种矛盾,直接考查应试者交流、沟通、协调能力如何。因此,作为高校毕业生应该善于处理好在校期间出现的各种问题,时间长了自然这方面的能力会有所提高。

## (六)提高综合素质

面试时,考查应试者的综合素质已成为每个用人单位选拔人才的首要任务。综合素质的面试内容主要分以下几个方面。

1. 宽广的专业素质

用人单位比较注重吸收基础扎实、知识面广、文理兼通的毕业生。解决实际问题的能力和动手能力强的学生往往格外受欢迎。用人单位固然要看成绩单,但如果拥有更多的考级证书和获奖证书,将会对用人单位产生相当大的诱惑力。

2. 崇高的敬业精神

用人单位需要毕业生具有强烈的事业心和责任感,那种以个人为中心,以待遇为中心的毕业生用人单位不敢引进。只有能与单位同甘共苦、以事业发展为己任的高校毕业生,其成才的路才会越来越宽。

3. 良好的思想政治素质

高尚的道德情操是一切工作的可靠保证,在同等条件下,用人单位更注重毕业生的思想政治素质。品行端正、待人诚恳、诚实守信的高校毕业生往往得到用人单位的器重。学生党员、学生干部在就业过程中普遍受欢迎的根本原因在于毕业生的思想道德素质是过硬的，得到用人单位的认可和信赖。

4. 和谐的团队精神

我国加入 WTO 后，用人单位在选择人才时更注重团队精神。要使研究开发的水平达到科学前沿水平，任何一项工作都需要各类专业人才在一起合作。在这个过程中，就必须配合默契，相互学习，相互沟通。

5. 较强的社会交往能力

用人单位对学生党员、学生干部、三好学生优先录用，这说明用人单位认为这类毕业生具有较强的社会责任感和上进心，体现出一个人的组织领导能力和良好的精神状态。实践证明，这类毕业生进入社会后很快就会成为用人单位的骨干。如果应聘面试时，毕业生由父母相陪，用人单位则认为其没有自主自理能力，即使当时学习很优秀也不会有太大的发展。

## （七）准备模拟题

面试前不经过角色模拟，无法达到最佳效果。要进行两种角色的面试准备。

第一种是应试者回答对方提出的问题。

第二种是应试者也可以向面试考官提出问题。

这样，让面试单位知道应试者求职的水准和想要了解的问题，短时间内可能给人留下好的印象。

# 六、面试的技巧

## （一）耐心等待

在到达面试地点后要保持安静，耐心等待，千万不可因等候时间长而急躁失礼。

## （二）遵守时间

在面试时要遵守约定的时间，最好是在约定时间前十分钟到达面试地点,如果因为一些原因而迟到,一定要向用人单位说明原因,并且致歉。

### (三)进入办公室的礼貌

第一,进入面试室先轻轻敲门,等到室内传来"请进"声后才能进入。
第二,进入面试室,与主考官打招呼、接应握手。
第三,等对方说"请坐"之后,自己才能就座,并应说声"谢谢"。
第四,面试结束时,微笑起立、道谢、告别。

### (四)集中注意力

回答主试者的问题时,最好把目光集中在主试者的两眉之间,且眼神自然,以传达对别人的诚意和尊重。

### (五)坐姿要端正

脚踏在本人的座位下,不可任意伸直腿、跷二郎腿,更不能不停地抖动。坐姿要笔直端正,切忌小动作。

### (六)注意聆听

主考官讲话必须留心听讲,对于一些听得不太明白的地方可以请面试官稍作解释,这样也可以给自己留出充足的思考时间。

### (七)心态平和

面试过程中,应试者应保持平和的心态,避免一切较为激动的感情流露。

# 第三节　大学生就业陷阱的防范

## 一、就业陷阱的概念

就业陷阱是指求职者将要从事的工作内容,并不是招聘者在书面上或原先口头承诺的内容要件，或借工作机会的诱因及其他诱人条件，用骗术使求职者付出不属于原订劳动契约内容的额外财务支付，或违背其个人意愿而从事违背善良风俗的行为等一系列用人单位以招聘、就业为名义进行非法牟利的活动（图 6-4）。

图 6-4　就业陷阱

## 二、大学生遭遇就业陷阱的原因

大学生遭遇就业陷阱的原因包括以下几方面（表 6-3）。

表 6-3　大学生遭遇就业陷阱的原因

| 大学生遭遇就业陷阱的原因 | 具体阐述 |
| --- | --- |
| 个人原因 | 在就业的严峻压力之下，很多大学生求职心切、社会经验不足、对求职过于理想化，加上学生和企业之间的信息不对称，大学生又缺乏甄别的能力，因而往往容易掉进一些别有用心的企业和单位设置的就业陷阱 |

续表

| 大学生遭遇就业陷阱的原因 | 具体阐述 |
| --- | --- |
| 社会原因 | 近年来，大学扩招所带来的大学生就业压力凸显，大学生就业形势不容乐观。大学毕业生越来越多，可是社会可提供的职位有限，导致"供大于求"，人才市场呈现"买方"之势，这也给一些不良企业和不良单位提供了可乘之机。这些企业和单位打着招聘的旗号，利用大学生求职心切的心理，设置种种就业陷阱，等待大学生钻进去，以谋取利润 |
| 企业原因 | 按照目前的法律规定，只要招聘企业能够提供正规的营业执照和企业代码，就可以在网络、报刊或招聘会等载体发布招聘信息。这就为那些动机不纯的企业提供了可乘之机 |

## 三、大学生常见的就业陷阱

由于毕业生求职心切，缺乏社会经验和就业防范意识，很容易掉入就业陷阱，既损失金钱，又浪费时间和精力，影响就业。概括来说，大学生在求职过程中容易遇到的陷阱主要有以下几种。

### （一）收费陷阱

一些不法单位为了谋取不义之财，获取不当利益，利用毕业生求职心切的心理，向毕业生收取各类不合理的费用，如伙食费、体检费、培训费、保证金、违约金等。等毕业生工作一段时间后，单位会以外调偏远地区或内调不重要部门等理由让毕业生主动放弃工作岗位，不给员工返还各类费用（图 6-5）。

### （二）高薪陷阱

采取虚假的高薪做诱饵来引诱求职者，而当求职者上当后并不兑现或人为设置兑现障碍，求职者最终所获报酬与承诺数额有较大差距（图 6-6）。

图 6-5　收费陷阱

图 6-6　高薪陷阱

## （三）传销陷阱

当前，一些传销组织利用大学生求职心切的心理，以给大学生安排工作岗位为名，让大学生到外地去实习或面试，之后就会通过各种手段控制大学生的人身自由，强迫其加入传销这个非法组织，给大学生的人身及财产安全等造成了巨大的威胁（图 6-7）。

图 6-7　传销陷阱

### （四）高端职位陷阱

一些单位利用毕业生的攀比心和虚荣心，在招聘过程中，通过设置总监、主管等"高大上"的职位吸引毕业生应聘。等毕业生入职后又以深入基层锻炼等理由安排毕业生长期从事业务员、销售员等职位，使用"挂羊头卖狗肉"的伎俩。

### （五）中介陷阱

市场上的职业中介机构服务质量参差不齐，有的中介市场利用毕业生社会经验少、涉世不深的特点，损害毕业生的就业权益。有的中介机构超范围经营，或不具备合法的经营资格而招摇撞骗；有的中介机构只收费不服务，以公司名义招人，然后再以各种理由辞退就业人员，骗取手续费。

### （六）考试陷阱

一家公司以招聘程序员为名，给应聘的学生出了一些关于程序设计的考题。拿到考题的学生苦心钻研，几天后他们把自己的答案交给公司。大家都以为自己有希望，却一直没有得到公司的答复，就以为是别人的方案比自己的好。直到与其他应聘同学交流之后，才发现所有人都落选了。原来该公司要程序设计是真，是为了省钱，以招聘为名，让学生们免费设计，还可以优中选优，一箭双雕（图 6-8）。

图 6-8  中介陷阱

### (七)试用期陷阱

试用期是在劳动合同期限内,用人单位和劳动者为互相了解对方而约定的考察期,而部分用人单位却利用毕业生求职心切的心理,为毕业生设下试用期陷阱。这些陷阱主要包括以下几种。

第一,单方面延长试用期,降低人工成本,使用廉价劳动力。

第二,只签订试用期合同,试用期满后以"考核结果不合格"为由不发放工资,解聘毕业生。

第三,试用期间不缴纳保险,损害求职者的就业权益。

### (八)关系陷阱

第一,打着同乡、同学甚至亲戚的幌子招聘你去工作,既不签合同,又不办手续,一旦出现问题,就推卸所有责任。

第二,夸大自己的能力,承诺为毕业生找工作,在博得大学生及其家长的信任后,逐渐提出各种要求以骗取钱财,再假称中间环节出现问题故未能兑现承诺。其结果往往是毕业生及家长钱花了不少,却不见工作的踪影。

### (九)合同陷阱

合同陷阱主要包括以下几种。

1. 霸王合同

有些用人单位严重违反国家相关规定，只约定应聘方应承担的义务和违约责任，而且常常是高代价的违约责任，但对于应聘大学生的权利却没有实质性说明。

2. 格式条款

有些用人单位按照合同范本事先打印好聘用合同，表面上合同格式规范，但实际条款表述含糊，因此一旦发生劳务纠纷，用人方总会按照"合同"为自己辩护。

3. 生死合同

有些用人单位为逃避责任，违反国家法律规定，在签订合同时，要求应聘者如果发生病、伤、残、亡等意外事故，单位不承担任何责任。

4. 保证合同

有些用人单位与应聘者签订两份合同，一份按照国家规定签订，以应付有关部门的监督检查；另外签订一份可能含有较多不合理条款的合同，这才是双方真正履行的合同。

## 四、就业陷阱的防范

### （一）加强相关法律法规的学习

大学毕业生就业前应主动学习《中华人民共和国劳动法》《中华人民共和国劳动合同法》《中华人民共和国劳动争议调解仲裁法》等有关劳动法律法规，重点了解掌握与自身权益相关的条款和具体内容。同时要通过网络、教材等渠道中的案例了解求职过程中可能遇到的各类就业陷阱，时刻提醒自己规避风险，提高自己发现问题，思考问题、解决问题的能力和素养。

## （二）保持正确的择业观和择业心态

大学毕业生求职时应客观分析和评价自我，明确定位，做好职业规划，既不能迫于择业压力而以牺牲合法权益为代价盲目签约，也不能好高骛远。

## （三）核查公司背景

毕业生应聘之前，要通过多种途径了解单位的背景。事先通过网络搜集招聘单位资料，查看其是否在工商部门登记注册，注册时间是否有效，同时要特别注意联系电话、通讯地址是否虚设。也可以致电招聘公司人事部门打听其招聘计划与发布计划是否一致，来判断招聘事宜以及公司是否有"诈"。

## （四）获取正规信息

第一，从正当渠道获取就业信息，如学校就业指导部门、高校或当地毕业生就业主管部门组织的毕业生供需见面会和人才招聘会；正规权威的人才招聘类专业网站；家长、亲友、老师等值得信赖的社会关系；广播、电视、有权威的报纸、杂志等途径获取的就业信息比较真实可信。

第二，对信息内容做进一步核实、鉴别、分析，防止信息中包含夸大、不实的成分。投递简历前应通过老师及熟人咨询等方式充分了解用人单位的情况，或到用人单位核实。

## （五）规范劳动合同

与用人单位签订劳动合同时，不要相信所谓的口头承诺，必须签订书面合同；要检查合同内容是否完整、清楚、准确，不要用缩写成含糊的文字表达；要注意审核劳动合同是否符合劳动法规的相关规定，要看清劳动合同的附加条款，当面签章。

## （六）识别就业陷阱

近年来，由于就业竞争日趋激烈，加上大学毕业生往往认为自身"底气"不足，容易导致就业心切、盲目相信虚假招聘广告。受害者们不但没有找到工作，还为此赔了许多冤枉钱。因此大学毕业生应提高警惕，擦亮自己的眼睛，不要轻信虚假招聘广告、非法中介或个别用人单位的"花言巧语"。

### (七)防止财物被骗

要时刻提醒自己，不将个人的身份证、驾照、银行卡等重要证件交给单位保管，不随便签名盖章，不随便缴纳保证金、培训费、服装费、材料费等各类名义的费用，不要轻易为薪资待遇不合理的公司工作。要时刻警惕待遇优厚的招聘单位，不要妄想不劳而获，也不要通过金钱来打通关系获得就业机会。不给不法分子可乘之机，从各个方面规避财物被骗的风险。

### (八)防止信息泄露

在求职过程中，要在官方的、正规的人才招聘网站投递简历，不要将个人的详细信息随意发布到招聘网站上。填写个人联系方式时，只留个人的手机号、电子邮箱、通信地址就可以了，不要随意登记家人的姓名和联系方式。

### (九)防止面试风险

求职面试要注意安全，面试前务必告诉家人、同学或老师面试的具体时间和详细地点。如遇非正常上班时间参加面试、面试地点偏僻等情况一定要小心谨慎，提高警惕；不要随便吃喝对方提供的食品饮料；要注意观察招聘人员的言行举止，如果其闪烁其词、言行暧昧或长时间询问私人信息，要果断放弃面试立即离开；如招聘单位要求上交相关证件，只能交复印件并注明证件用途。

### (十)注意"三忌"

俗话讲，苍蝇不叮无缝的蛋。大学生在求职时，要注意"三忌"（表6-4）。

表 6-4 "三忌"

| "三忌" | 注意事项 |
| --- | --- |
| 忌贪心 | 年薪几百万元的职位,想想就让人流口水,但是自己只不过是初出茅庐的社会新人,在许多社会人的眼中很可能还是孩子,真的具备赚取这几百万的能力或资格吗?大学生不要被一些诱惑力十足的薪酬条件蒙蔽双眼,失去正确的判断,一定要把握好自己的价值观和职业目标,脚踏实地地做人做事 |
| 忌急心 | 面对竞争激烈的就业市场,大学生都想尽快找到合适自己的工作,以此来开创自己的美好未来。这样的心情是可以理解的。但是,凡事都要有个"度"。如果过于急切,反而会使自己走入盲目求职的误区,从而使落入就业陷阱的风险加大。大学生应尽量保持相对冷静的心态,要有客观冷静的主动意识。在求职过程中,当发觉自己的心理遇到障碍或压力过大的时候,可以向亲人、老师、职前教育专家或师兄师姐们寻求帮助 |
| 忌糊涂心 | 大学生投递简历之前,要确实了解该企业的相关情况,认真仔细地思考自己是否适合这项工作;在参加笔试和面试时,要处处留心可能出现的陷阱;在应聘成功后,也不要就此放松警惕,关于试用期和签订合同的有关事项,一定要仔细检查核对,以免自己的权利受到侵犯 |

# 第七章　另辟蹊径:大学生创业概述

目前,高校毕业生人数逐年增多,大学毕业生的就业形势日益严峻,如何促进大学生更好地就业已经成为全社会普遍关注的问题。而创业无疑给许多毕业生顺利就业带来了希望,而能否顺利创业,能否取得创业的成功,关键是对大学生做好创业方面的教育,使其对创业有一个初步的认识,并且掌握好创业所需要的知识,只有做好了充足的准备,才有可能去创业,也才有可能取得创业的成功。

## 第一节　创业的内涵

### 一、创业的概念

创业是指拥有一定的知识、技能和资源的创业者通过寻找和把握创业机会,投入已有的技能知识,配置相关资源,创建新企业,从而能够为消费者提供产品和服务,能够为社会创造出财富和价值,做出一定的贡献的过程。

### 二、创业的特点

创业具有显著的特点,如表7-1所示。

表 7-1　创业的特点

| 创业的特点 | 具体阐述 |
|---|---|
| 主动性 | 创业是创造具有更多价值的新事物的过程。创业者参与创业实践活动谋求的回报，包括经济方面的回报和精神方面的回报。其中，精神方面的回报，就是个体根据自己的意愿行事，做自己喜欢做的事情，从而实现自我价值，获得社会的认可和尊重。因此，创业活动是创业者自我主动进行的实践和创造活动 |
| 社会性 | 创业之所以具有社会性的特点，是指创业是在一定的社会中进行的，它可能会为社会创造巨大的财富和影响 |
| 不确定性 | 在创业的过程中，创业者有可能会遇到各种各样的困难，这些困难都具有不确定性，不确定性越高，创业者所遇到的风险性也就越高 |
| 经济性 | 创业也具有经济性的特点，这主要表现在以下两方面。<br>第一，创业可能会为创业者带来良好的经济效益。<br>第二，创业会为社会提供一些就业岗位，从而为社会创造财富 |
| 发展性 | 创业也具有发展性的特征，因为创业是一个不断发展变化的过程，创业过程中的每一项决策都有可能导致创业的不断发展 |
| 开创性 | 对于创业者来说，创业具有开创性的特点，创业是创业者所经历的一场前所未有的事业，是一种从无到有，从小变大的过程 |
| 艰辛性 | 对于创业者来说，创业充满了艰辛，在创业过程中充满了太多的不确定因素，这些不确定因素都有可能会给创业带来风险，只有创业者具有良好的素质，才有可能取得创业的成功 |
| 风险性 | 在创业过程中，有很多的不确定性，比如人员、资金、决策等，这种不确定性导致创业中存在各种各样的风险 |

## 三、大学生创业的影响因素

影响大学毕业生创业的因素主要包括以下几方面（图 7-1）。

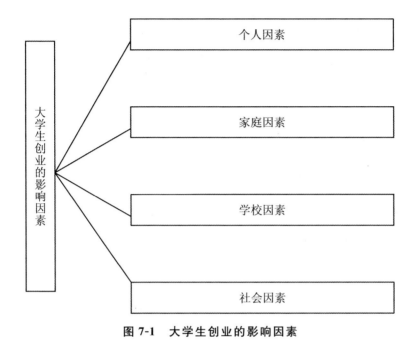

**图 7-1 大学生创业的影响因素**

## (一)个人因素

将个人的性格、气质和特长与创业项目结合,会极大地提升创业成功的可能性。很多创业成功的人士都是从他们的爱好和特长出发开始创业脚步、最终取得成果的。

## (二)家庭因素

第一,父母的价值观对大学生的创业也会造成一定的影响,如果父母能够以平常心来看待子女的创业,对孩子的创业选择能够给予鼓励和支持,那么大学生可能会以积极的心态去处理在创业过程中遇到的各种困难和问题,创业也比较容易取得成功;而如果父母总是担心子女在创业过程中遭遇失败,对于创业的子女常常耳提面命,那么他们的子女在创业过程中可能会蹑手蹑脚,怕这怕那,遇到挫折时也不能够以积极的心态去面对,那么他们很难会取得创业的成功。

第二,家庭经济条件会对大学生的创业选择带来一定的影响,如果家庭条件好,大学生就有可能得到较多的资金和其他方面的支持,创业的欲望和动机也会比较强烈,而如果大学生的家庭条件不好,则大学生可能会考虑是否应该先就业为家庭解决一些负担,而如果选择创业,这些大学生得到来自家庭方面的支持会比较少,大学生可能会承受更多的压力。

### (三)学校因素

近年来,各高校已经注意到学校教育对大学毕业生创业的影响,并推出了有针对性的措施和各种教学、训练活动,这对大学生创业起到了直接的推动作用。另外,学校的教学活动,尤其是以创新为主题的教育教学改革也在潜移默化中起到了积极作用。

### (四)社会因素

社会因素对大学生创业的影响主要体现在两个方面。

第一,政府出台的与大学生创业相关的各种优惠政策、法律保护措施以及风险投资机构提供的各项支持。

第二,大学生创业的社会舆论影响。年轻的大学毕业生从众心理较强,在行动之前往往会参考周围同学朋友对创业持有的观念,尤其愿意听取已经有创业成功或失败经历的大学生对创业的看法,然后再决定自己的行动。

## 四、大学生创业应处理好的几个关系

### (一)创业与学业的关系

在校大学生创业是其参与社会实践的一种方式,目的应该是促进学业。若把创业简单理解为当老板、赚大钱,把主要精力放在创业上,一味追求短期效益,忽略了自身知识和能力的锻炼提高,是一种舍本逐末的行为,其结果将落得学业和创业两手空。因此,在校大学生的创业定位很重要,应以创业、学习两不误为前提。同时,人生每个阶段都有一个主要的任务,如果学习阶段不抓住机会,将会耽误自己一辈子,而创业机会在毕业后还会有很多。因此,在校大学生对创业不应草率效仿。对少数学习特别优异、科研成果突出,并崭露头角的学子而言,边读书边创业是一种理想的选择。但由于又要完成学业,又要创业,时间和精力上需要相当大的投入,有时会顾此失彼。

### (二)创业与毕业的关系

大学生自主创业可以发挥年轻、充满激情、创造力强的优势,不过必须要踏踏实实从点滴做起。面对日趋严峻的就业形势,毕业即创业是当前大学生就业过程中积极倡导的一种就业选择。一些具备创业条件的大学生,选择毕业后自主创业,不仅不会为社会增加就业压力,而且为他人提供更多的就业机会,这不失为一种明智的选择。

### (三)创业与就业的关系

就业是创业的基础,人们在就业中培养自己的工作能力,提高业务水平,可以为日后的创业做好准备。创业一方面能实现自我就业,另一方面能向社会提供就业机会。有人说,创业是自己做老板,从事自己创造出来的工作;就业是当打工仔,只能帮别人工作。这是一种错误的说法,它只是着重于创业与就业之间的区别,而没有看到两者之间的密切关系。有些人并不能正确地认识创业与就业之间的关系,认识不到就业是自己创业的基础,个人也可以在就业中创出属于自己的业绩来,因而他们在上岗就业之后就表现出无心进取、无责任感、私心严重、自由散漫等毛病。其实,就业对大多数人来说都是必需的。因为只有通过就业,才能在社会中找到自己的位置,在对社会做出贡献的同时获得自己生活的来源。每个人都应有爱岗敬业和艰苦奋斗的精神,而这种精神正是创业的基础。

# 第二节　大学生创业的国际经验借鉴

本节主要对美国和英国的经验进行简要阐述。

## 一、美国的经验借鉴

### (一)美国创业教育产生的原因

创业教育是一种全新的教育理念,它能培养创业者如何具备企业家精神,能传授创业者如何使企业正常运作的技巧和能力。各国创业教育的产生都有其特定的原因,美国创业教育产生的原因主要有以下几个方面。

1. 创业教育顺应人生价值体现

(1)创业教育促进学生全面发展

当今社会,大学生需要具备多种能力,以获取全面发展。例如,学生需具备学习新知识的能力,需具备高效的沟通能力,需具备灵活运用知识和技能的能力,需具备创造能力等。创业教育可以使学生获得全面的发展,主要体现在以下几方面。

第一,培养学生的首创精神,促使学生创业素质和创业能力得到提升。

第二,鼓励学生勇于创业,实现自己的创业梦。

第三,教授学生组织技巧、领导艺术、时间管理等。

第四,丰富学生的工作经验,提升学生的心理承受力。

由此可见,学生良好素质的培养不能缺少创造创新能力,这是当代学生应具备的一项重要能力。另外,教育注重因材施教,而创业教育能促使学生的个性特质很好地展现出来,从而促进学生全面发展目标的实现。

(2)创业教育助推学生实现财富追求

创业就是要实现价值并创造价值。创业教育重在促进学生全面发展,具备探索、发现、分析和解决问题的能力,重在培养学生的创新精神和激发学生的主体动力,鼓励学生积极主动地认识机会、抓住机会并有效地利用机会,从而使学生具备创业的能力,拥有敢于创业的勇气和实力,最终获取更多财富,实现利益最大化。

2. 创业教育促进大学发展

(1)创业教育夯实大学发展的协作及资金基础

创业教育将学校的所有学院、学科、机构联系在一起,使他们之间产生沟通,增进了相互的合作。创业教育在全校范围内建立创业社区和创业网络,收集全校的好的创业点子和新的创业技术,让科学、工程、经济商务、政策及技术之间产生综合协作效能。这种协作整合了全校各学科,促进了各学科间的技术协作、技术发展及技术商业化,加强大学与产业之间的联系,促进高新企业产生。同时,创业教育可以促使大学积累资金。具体来说,创业教育能够创造可观的经济效益,能够促进大学与公司的融合,并能利用大学的应用研究促成新企业成立。

(2)创业教育强化大学发展的人才基础

当今社会的发展需要人才,人才必须具备优良的品质,而创业教育恰能培养学生的优良品质。创业教育强化大学发展的人才基础,主要体现在以下几个方面。

第一,创业教育促使师生具备创新意识和创造精神,为大学注入生命活力和提供精神力量。

经济发展离不开创业和创新。创业和创新两者紧密联系、相辅相成。创新是经济发展的核心和必由之路。创业为创新提供平台,促进创新。创业教育将创新和创业有机融合,为大学注入生命活力和提供精神力量。

第二,创业教育促进学生潜能的发掘,提升学生的创业基本素质和综合能力。

当今社会,世界各国均将建设创新型国家作为战略发展目标。要建设创新型国家,需把握以下几点。

一要加强全面创新精神的培养。

二要促进企业创新主体力量的发挥。

三要加大培养创新型人才培养力度。

这些要点的实现则必须依赖于创业教育。由此可见,在经济全球化、知识信息共享的新时代背景下,创业教育是培养学生综合能力、提升学生基本素质的重要途径,也是创新教育的重要组成部分。

(3)创业教育能激发教师的创新潜质,为大学扩充并稳定创新型人才队伍

在以物质财富为衡量人生价值重要标尺的时期,创业教育改变了教

师的就业思路，激发了教师的创新潜质，不仅为大学输入了众多创新型人才，而且也稳定了原有人才队伍。大学教师身兼教书育人和科学研究的双重任务。通过努力工作，他们获得相应的经济报酬，同时自己的研究成果得到社会认可并投入社会使用，这使他们意识到自己的价值所在，那么他们就会踏实地待在学校里，不断地展现自己的能力。

### 3. 创业教育回应社会经济需求

(1)创业教育缓解社会就业压力

就业是民生之本，美国当今技术的进步使工作岗位数量大幅缩减，而且大量工作机会转移到海外。在这种背景下，创业就体现出了重要性。而大力开展创业教育，则能促使更多的创业思路和创业机会涌现，从而提供更多的就业机会，最终缓解美国的就业压力。

通过创业教育，学生在掌握了一定的创业知识的基础上，将所学专业知识与创业知识有效结合，激发学生产生新的创业思路和创业点子，开拓新的创业途径，从而做出更多的职业选择。在创业过程中，学生获取的一点点成效都能激发学生创办或继续经营企业的欲望。

此外，创业公司的规模与创业者接受的教育水平有着密切的联系。通过创业教育，学生或企业经营者能学到更多有利于企业发展的新知识和技能，能拓宽自己经营企业的思路，激发自己的创业潜能，从而促使创业公司朝着更好的方向、更大的规模发展。

美国发展创业教育的经验告诉我们：创业教育能使学生掌握更多的创业知识和创业技能，能改变学生的创业理念，产生创业的想法，创业教育促进了就业机会的增加，缓解了社会就业压力，从而增强了社会稳定性。创业教育最终促进了国家经济实力的增强，促进了社会经济的大力发展。

(2)创业教育推动经济发展

在当前社会，创业是促进社会经济发展，提升社会经济实力的道路之一。在创办企业的过程中，创业者不但提供更多的就业岗位，而且为社会创造了更多的经济利益和经济价值。美国创业教育联盟指出，那些具备创业思维的创业者创办的小企业创造了大量的财富和提供了充裕的工作岗位。大学提供的创业教育服务能为国家提供更多的有能力、有担当的创业者。创业教育能推动社会经济发展的原因主要体现在以下几个方面。

第一，创业教育重在培养学生的创业意识和创业思维，从而产生创业的信念、树立立志创业的目标。

第二，创业教育不仅重视创造创新能力的培养，而且重视创业实践经验的传授和积累，这促使大学生不仅具备创业的能力而且具备如何创好业的实战经验。

第三，进行创业教育的目的就是要培养具有创业精神、能促进社会发展的企业家。

## （二）美国创业教育的方法

### 1. 基于权变的教学法

基于权变的教学法是指在现有知识等工具的指引下去开展未知活动的教学方法。基于权变的教学法的理论基础是权变理论。权变理论认为任何事物或事情都不是一成不变的。它强调在任何活动中，要根据自身所处的环境条件的变化做出适应性的改变。基于权变的教学法的代表人物是美国的莫尔斯和洛希。

权变模式是一个开放的系统，其机会识别与不同阶段之间的准备活动不存在关联性，正如洪尼格在商务教育权变模式中所说的，"模式不是基于信息获取、分析、决策等提出的结构关联"。在创业过程中，创业者可以从任何一个创业点开始，选择任何一个模块开始进行创业实践练习。权变模式注重学生的发散思维，认为基于一个相同的信息，学生都能提供多种不同的解决方案。因此说，基于权变的教学法可以说是一个收集学生发散思维的教学方法。

创业教育的权变教学是一个辩证综合的教学过程。教学模块设计以识别潜在问题为出发点，教师根据问题给予学生一定的引导和建议，以帮助学生将创业知识与自己原有的知识相融合，从而形成新的认知。创业教育基于权变的教学法要求学生要仔细观察自己所处的商务环境，利用发散思维提出各种适当的解决方案，以尝试解决各种实际问题。创业活动是一个不断变化的活动，在每次知识更迭后，学生都应向新的目标前进，寻求新的不平衡。

### 2. 基于体验的教学法

体验学习就是学习者在参与某项活动的过程中进行反思、总结，最后将总结融入自己的理解中。那么,基于体验的教学法就是指学习者参与到一定情境中获取经验从而将经验应用到学习新知识活动中的一种教学方法。

创业教育的体验教学法就是指在创业教育教学过程中,教师利用已有的理论经验,设定一个创业环境,引导学生融入创业环境中,从而让学生领悟创业中包含的知识信息,最终将所感知的知识和信息转化成为自己的知识结构,并最终实现创新的一种教学模式。体验教学的过程实际上就是学生感受、认识、再感受、再认识的一个过程,即学生置身相应的环境中,亲身感受客观"事物",并进行独立思考,然后认识并总结事物的本质。

舍曼等指出,体验教学法具有一定的优势,主要包括以下几方面。

第一,与阅读活动以及听和看的活动相比,体验教学对学生创业决策的影响更大,更能激发学生创业的冲动。

第二,体验教学的影响与学生的兴趣之间呈正面积极关系,即活动的体验性越强,越容易影响学生的创业选择和创业兴趣。

体验式教学将情感和认知有机地结合,最终实现知识的掌握和应用。在体验式教学中,学生作为学习的主体,在教师设定的体验环境中经过教师的正确、适当的引导,学会如何客观评述问题、学会如何规避、解决问题,学会如何更好地带领一个团队获取更多新技能、新知识。

### 3. 基于问题的教学法

基于问题的教学法以建构主义为理论基础。建构主义重视学习者的主观能动性、社会性和情境性。只有个人发挥自我主动性,才能获取新的知识。将建构主义的概念应用于教学中,可以看出:学生存在认知冲突和困惑,才能激发学习的动力,之后与环境产生互动才产生理解。因此,学生要学什么内容,需要先明确学生的学习目标。

在创业教育中,基于问题的教学法的主要内容包括确定学习目标、提出问题、展示并陈述问题等。其具有以下几方面特征。

第一,学习的动力是富有挑战的、开放性的问题的提出。

第二,学习的方式是合作性小组学习。

第三,在学习过程中,教师是助推者。

在教师的推动和引导下,学生开始积极地思考,并在适当的时机应用所有学习资源。

在基于问题的教学法中,学生充当建构者,利用已学的知识和已获取的经验,在相应的环境中选择多种恰当的解答方法来解决问题,并最终构建新的知识。相应地,在创业教育中,教师预先设定一个创办企业的市场环境,将教室假定为一个商业圈,然后让学生置身这一环境中,提出问题,面对问题,思考问题,最终解决问题。

4. 基于行动的教学法

高校创业教育课程旨在鼓励学生积极参加实践活动,培养学生的积极创业行为。就这一目标,菲亚特曾提出在教室开展"学生引领"活动。为了实现创业教育理论与创业实践有效结合,美国高校运用了基于行动的教学方法。基于行动的教学方法是一种以学生为主体,注重发挥学生的主观能动性,重视能力培养和采取行动解决问题的教学方法。

在基于行动的教学中,教师提供课程和行动项目,学生以此为基础选择适合自己的行动项目并组建自己的工作团队,在学校孵化器基础设施内组建一个企业。然后,学校邀请有经验的企业家担任企业领导成员,企业运作资金由学校或其他单位资助。那么,创业教育就围绕这一企业发展所面临的问题和困难展开了。由此可以看出,一次基于行动的教学活动包括行动项目的选择、团队的组建、问题的思考和解决,以及采取行动的能力。除此之外,还需要区域背景和区域网络的支持。基于行动的创业活动需要地区部门、单位等提供资金支持、场地支持,以及有经验的企业者作为指导顾问、企业领导成员等。

基于行动的教学活动侧重学生的自主性、探究性学习,将学生作为活动的主体,让学生全程参与企业从创立到发展的全过程,切实体验企业创办所经历的困难,感受企业创办的艰辛,体会创办企业需要专业技术和研究成果的支撑,需要专业科研人员参与。同时,通过一次基于行动的教学活动,还可以创办一个新企业,培养一批优秀的创业者。


## 二、英国的经验借鉴


## (一)英国创业教育发展的原因

第一,英国的高等教育日益普及,接受高等教育人数剧增,导致大学生就业压力倍增,政府迫切需要增加新的就业渠道。

第二,英国的经济力日益增强,经济竞争变得异常激烈,致使英国的很多企业在人才需求上发生了变化,他们要求学生要具有创造性,具有将专业技能运用于实践的能力,具有解决问题的能力,以及不断学习的能力。

第三,随着社会环境的巨变,企业家精神成为社会文化推崇的焦点,促使众多学生不再安于工作现状,纷纷将目光转向自己创业。但现实却不尽如人意。大学生自主创业能力不足,创业比例较低,对英国的经济发展造成巨大影响。

英国的经济发展现状、就业现状、社会环境等因素促使英国转变认识,意识到必须要开展创业教育,才能提升学生的创业素质和创业能力。

在各种因素促使下,英国的创业教育需加快发展步伐。20世纪80年代,英国政府明确指出,大学不仅要进行基础科学和人文学科研究,而且也要重视社会服务职能,为社会发展和经济发展提供有效服务。英国政府为大学创业教育的发展提供了强有力的支持、引导和规范,发起了"高等教育创业计划"。在这种背景下,英国高校改变原有办学理念,加入新的创业教育理念,逐渐开始重视培养创业型人才,逐步发展成为"创业型大学"。

## (二)英国创业教育的模型

### 1. 完全一体植入(优化)模型

完全一体植入(优化)模型具有以下特点。

第一,在整个学校普及创业教育,采用终生学习的方式。

第二,全体部门和学科共同参与(包括与技术转让部门的合作),提供创新性的教学支持。

第三,设置跨学科教学学位和中心,为优秀研发部门授予专业地位。

第四,注重企业家、学者、教授等的参与,并从中收集创业想法。

第五,高校与校外利益相关者(如企业家等)密切合作,实现高校与社会的完美整合。

第六,鼓励研究开发,鼓励教师与企业家建立合作关系。

第七,鼓励开发和增设新的创业课程。

第八,对校办企业进行投资,开放知识产权使用权。

### 2. 大学领导的中介模型

大学领导的中介模型的特点包括以下几方面。

第一，加强项目发展和教学发展，设置校属专业化中心，开发创业项目。

第二，接受高校教师领导，接纳有创业意愿的人员参与工作，向人员提供专业培训。

第三，与利益相关者建立合作关系，与科技园区和技术转让部门建立合资企业。

### 3. 利益相关者推动的外部支持模型

利益相关者推动的外部支持模型具有以下几个特点。

第一，研究中心由利益相关者领导，重视高校的参与。

第二，模型地址紧邻科技园区和技术转让部门，与他们合作建立合资企业。

第三，鼓励与企业和利益相关者的合作，保持与感兴趣的学术人员之间的合作关系。

## （三）英国创业教育的实施路径

### 1. 充分利用多功能的研究中心

英国高校通过各种方式为学生提供专业师资力量和咨询服务，其中，最主要的一个方法就是创建各种创业、创新和企业中心等机构。这些机构帮助学生与企业进行沟通交流，为学生提供更多的创业技能支持和创业实习渠道，最终促成学生创业成功。

### 2. 提供创业教育的资金保障

创业教育需要资金支持，英国政府是其资金的主要来源渠道。为了促进理论知识应用于创业实践，为了整个国家创业创新能力的提升，从20世纪80年代开始，英国政府就为大学生创业投入了大量的资金支持。这些资金绝大部分来源于公共资源，依靠基金会最后用到大学创业教育中。

3.联动全社会支持的网络资源

英国高校多方位为学生创业提供帮助，得到了社会各界力量的支持，包括政府、社区、企业、专门服务机构等。他们构成了庞大的社会关系网络资源。这个庞大的社会关系网络能为学生开辟更多创业渠道，能为学生创业提供更多资金支持。总之，英国高校有效地利用社会关系网络资源，有力地支持了学生的创业。

4.着力探索教与学的创业教育课程模式

随着高校创业教育范围的扩大，创业教育需要更新创业教育理念，需要重新整合创业课程。英国高校多措并举促使新的创业课程模式的形成，促进创业教育质量的提高。

# 第三节　大学生创业人才的培养

## 一、创业人才培养需求分析

### (一)团队建设需求

要建设一个优秀的创业团队应明确以下几点。

1. 创业目标明确合理

只有这样，才能让团队中的各个成员都明白自己所努力的方向是什么，也只有目标明确，才能对团队成员起到刺激与激励的作用。

2. 团队成员之间可以互补

创业者之所以要组建创业团队，其目的就是为了弥补创业目标与自身能力方面存在的差距，希望通过组建团队，让团队成员之间的知识结构和能力素养能够互补。

3. 创业团队成员间理念一致并且目标相同

所有创业团队的成员都必须要对创业的目标、团队中的分配制度、管理制度、企业文化以及经营理念等认同,要对企业的长久发展具有信心;团队中的所有成员都应该认识到整个团队是一个整体,要明白没有团队的整体发展,个人的价值就无法实现。

## (二)资金需求

大学生创业,必须要有前期的资本投入,然后才能有之后的产出与收益。大学生在进行融资的过程中一定要遵循以下几条基本原则。

### 1. 适度性原则

在融资活动中,资金需求的适度性原则包括融资资金的适度性、融资期限的适度性、融资方式的适度性和约定条款的适度性。

### 2. 安全性原则

安全性原则是指大学生创业者应根据自己的实际能力来决定企业融资的方式和数量,由于每种融资方式的风险不同,所以,创业者在进行融资之前,一定要对各种融资方式进行客观分析,根据自己企业的特点选择一种适合自己的融资方式。

### 3. 适用性原则

适用性原则是指大学生创业者应根据企业所需要的资金种类和数量来选择融资方式和数量。一个企业的经营活动对资金的需求具有多样性的特点,从资金的数量上来看,既有对股本的需求,也有对债务的需求;从资金的期限上来看,既有对短期资金的需求,也有对长期资金的需求。所以,大学生创业者一定要遵循适用性原则,根据企业的需求选择资金融资方式和数量。

### 4. 可得性原则

可得性原则是指大学生创业者应该根据融资的难易程度来决定选择哪种融资方式,并且合理确定融资的数量。在外部条件一定的情况下,不同企业的经营状况、融资方式等决定了对资金的可得性是不同的。例如,股份有限公司可以通过发行股票的方式进行融资,而有限责任公司就不能通过这种方式进行融资。另外,与小公司相比,一些大公司的担保能力强、信誉比较高,而且盈利水平也较高,所以他们的资金可得性就比较强。

5. 态度性原则

创业者融资的直接目的是为了获取资金,其根本目的是促进企业的成长,投资者和创业者在这一点的利益是一致的。所以,创业者端正创业理念和创业目标,增强责任心,获取投资者的信赖,达成共识,有助于创业者融资活动的开展。

6. 收益性原则

收益性原则是指大学生创业者在所需的资金获得方式和数量上,应该以尽可能少的成本去获得所需要的资金。公司是以盈利为目的的经济组织,所以,其经营活动必须要遵循收益性原则,凡事都要核算成本,尽可能地降低成本,争取利益最大化。对于企业来说,每种融资方式所需要的成本都是不同的,所以,企业应该根据自己的实际情况确定融资方式和数量,最终使企业能够以最少的成本获得最大化的收益。

7. 及时性原则

新创企业面临的市场压力大,融资资金需要迫切,面临复杂的管理事务和多变的市场变化,需要尽可能获取与企业发展的匹配资金,未雨绸缪,防患于未然,这都体现了融资的及时性原则。

8. 诚信性原则

融资双方应依据合同的契约关系,双方必须保持诚信。

9. 低成本性原则

降低融资成本不仅可以提高创业者的收益率,还可以减轻其还本付息的负担,主要可以通过融资地点的选择、融资货币的选择和融资方式的恰当选择来降低融资成本。

10. 保密性原则

融资过程中,融资方为博得投资方的青睐,经营方案的展示尽可能详细,但是一些关键环节应注意保密,以防投资方利用自有资金,独自运营,窃取融资方的创新商业模式和创业想法;同时,也应防范竞争对手了解到融资方的资金规模而制定出有针对性的竞争战略。

11. 合法性原则

从法律层面对新创企业融资活动的约定,即为融资的合法性原则。企业融资活动不仅影响社会资本和资源的流向与流量,而且涉及相关主体的经济权益,新创企业融资时也应注意国家相关的法律法规,依法履行约定责任,维护相关利益及主体权益。

12. 合理性原则

新创企业的资金虽然重要,创业者在融资初始,应避免盲目追求过多资金而造成资金使用成本上升。因此,创业者应当在企业发展过程中确定合理融资结构。根据企业发展阶段和自身能力,拟订合理计划,运用相应财务手段科学预测资金需求量,使得企业发展建立在合理的融资规划基础之上。

## 二、构建创业人才培养体系

### (一)我国几种典型的高校创业人才培养形式

第一,将第一课堂和第二课程结合起来对高校人才进行培养,以第一课堂作为依托,结合目前的社会现实以及大学生的创业知识和能力等,鼓励大学生积极参与社会实践。中国人民大学就是采取这种形式对高校创业人才进行培养的。

第二,创业知识、技能的培养与实践相结合的高校人才培养形式,这种形式认为大学生创业基本素质的培养是提高大学生创业能力的良好途径。北京航空航天大学和浙江大学都是采取的这种培养形式。

第三,提倡大学生在创业实践中学习并培养其创业的基本素质,这种形式在对大学生进行创业知识教育和创业精神培养的同时也为学生提供相关的资金知识和技术服务，具有更加科学和系统的特点。清华大学和上海交通大学都采取这种培养形式。

## （二）我国高校创业人才培养体系存在的主要问题

### 1. 创业人才培养目标不明确

由于我国对高校创业人才培养体系的研究时间尚短，所以对创业人才的培养目标不是很明确，有的高校将培养大学生的创业知识和能力作为主要的培养目标，有的高校则将培养大学生的创业意识和创业精神作为创业人才的培养目标。所以说，高校人才的培养目标还需要进一步得到明确。

### 2. 创业课程体系不完善

目前，一些高校由于没有及时了解市场需求，结果导致创业课程体系不完善。对此，高校应采取以下措施解决。

第一，及时了解市场需求，采用最新的教材。

第二，及时了解市场需求，改革创业课程内容的设计。

第三，根据不同专业的特点，改进教学方法。

总之，高校要以市场需求为导向，不断完善创业课程体系。

### 3. 创业师资结构不合理

师资是教学活动能够顺利进行的基本保障，师资水平的高低对高校教学质量和水平的提高具有重要作用。如何让师资共享，如何实现大学创业教育的理论与实践的结合，是目前各大高校急需解决的问题。目前，我国在高校创业的师资结构中缺少具有创业实践经验的教师，师资结构不合理，这样导致的后果是培养出的高校创业人才很难适应现实社会的需要，各个高校不同程度地出现了教用分离的现象。

### 4. 创业实践教育效果不佳

目前，我国大多数高校创业教育中都存在重理论而轻实践的现象，在创业理论和实践教育的时间方面存在配比不合理的现象。因此，高校应该重视这一现象,努力为大学生提供创业实践机会,另外,创业实践的内容与方法也应该根据市场实际情况进行相应的调整,渗透岗位特色教育。

## (三)高校创业人才培养体系构建的对策

### 1. 明确创业人才培养目标

对于不同年级的大学生,高校应该注意创业人才培养目标的不同。对于大学一年级的学生来说,高校要注重培养他们的创业意识,使其对创业有一个初步的了解,树立正确的价值观,明确创业的意义;对于大学二年级的学生来说,高校主要灌输给他们一些创业方面的知识,鼓励学生多掌握一些创业知识,并具有良好的心理素质,从而为创业打下良好的基础;对于大学三年级的学生来说,高校要通过培养,使其掌握创业的一些方法;对于大学四年级的学生来说,高校应为大学生提供一些实践的机会,让大学生多掌握一些创业能力。

### 2. 优化创新创业人才培养方案

(1)突出大学生创新创业教育

大学生创新创业教育是面向全体学生的一门课程,因此,高校要将创新创业教育纳入人才培养方案,纳入学分制,纳入创新创业课程体系,通过各种方式鼓励大学生多掌握创新创业知识和能力,以为社会培养合格的创新创业人才。

(2)科学构建课程体系

第一,高校应该不断优化课程体系,将高校中更多的课程设置为应用型,将大学生的一些作品等尽可能地转化为产品、商品,从而促进大学生的创新创业发展。

第二,加强高校课程的整合,充分实现多学科之间的交叉与融合。

第三,面向全校学生开设"职业生涯规划""就业与创业"等创新创业类相关课程。

第四,提高培养大学生人才素质的力度,努力做到学习、实践与创新相统一。

（3）重视实践教学环节

实践教学是培养新型人才的一个重要途径,具体应做到以下几方面。

第一,增加与课程相关的实验,以提高学生的观察能、操作能力和解决问题的能力。

第二,增加实习机会,使学生获得课堂教学无法学习的宝贵经验,提高其创业能力。

第三,组织学生参加科研活动,并从中获得宝贵经验。

### 3. 加强创业专职师资队伍建设

（1）重视对专职创业理论教师创新创业经验的培训

为了适应社会的发展需要,高校专业的创业理论教师一定要掌握创业的相关技巧,具有一定的创业实践经验,这是高校可以培养出适合社会发展的专业人才的重要举措。高校专业职业理论教师的言传身教会对大学生创业起到潜移默化的影响,对提高教育效果具有重要意义。因此,高校在对专业创业理论教师进行培训时,一定要引导和鼓励教师自主创业或者到实践中去亲身体会创业的艰辛,从中有所收获,以此提高专职创业理论教师的水平。

（2）实现教师队伍的分类任用

对于具有不同知识素养的教师可以进行分类任用,即对于那些具有扎实的创业理论知识的教师,可以让其主要负责教材的选用或者撰写方面的工作,而对于那些有实践经验的创业教师,则可以安排其对学生的创业实践进行指导,使学生能够从实践中积累知识和经验。通过实现教师队伍的分类任用,可以让具有不同知识素养的教师各司其职,从而更好地进行创业人才的培养。

### 4. 加大创业政策宣传力度

（1）把创业扶持政策作为课堂教学的重要内容

对每条政策认真解读,另外,一定要关注政策的变化,当政策放生变化时,一定要及时传达给学生,并教会学生可以通过何种途径了解创业政策。

（2）印发就业创业政策宣传手册

各高校可以组织人员对近些年的创业政策进行搜集、整理,为了避免学生对此不感兴趣,高校可以将这些政策采用图画或者是问答的有趣形式整理出来,让学生可以更直观地理解相关的创业政策。同时,高校还可以通过创业竞赛、知识问答等互动性较强的形式,让更多的大学生对创业政策有所了解。

5. 突出学科特点,开展特色创新创业教育活动

大学生要想顺利创业,就必须要具有多方面的知识和能力,针对这一特点,高校应以创业行动计划为核心,以创业竞赛和创业实践活动为载体,开展形式多样的具有特色的大学生创业活动,以培养大学生的创业精神和能力,使其探索出可行的创业道路。

6. 拓展大学生创业实践平台

高校要为大学生拓展实践平台,可以引入微企,微企产品少,具有操作灵活、结构单一等特点。学生创办微型企业,不仅可以解决自己的就业问题,还可以从中获得收益,为今后的发展奠定基础。大学生选择微型企业创业成功的可能性就较大,但大学生要做好以下几点。

第一,利用校企合作的形式推动微型企业的发展。

第二,在符合政府政策的条件下建立符合实际需要的管理体系。

第三,在自己的合法权益受到侵害时,大学生要懂得用法律武器保护自己的微型企业。

# 第四节　大学生创业计划书的撰写

创业计划书也称创业计划,是创业者在创业初期为企业勾画的蓝图。

## 一、创业计划书的作用

### (一)是创业者打开风投大门的垫脚石

对于尚在雏形中或尚待创办的新企业,风险投资者无从获知它的商业数据,一般只能通过创业计划书来了解企业前景,判断是否具有投资

潜力和利益回报。因此,创业计划书的质量和水平很大程度上决定了企业是否能够获得风险投资者的青睐。

## （二）是创业者展示产品和服务的载体

一份优秀的创业计划书,不仅能使投资者看到创业者的潜力和决心,也能让有识之士看到希望和未来,将志同道合的人吸引到创业的团队中来,打造属于这一群人的梦想舞台,实现他们的人生理想。一份具有前瞻性的创业计划书意味着创业战略能够顺利展开,企业可以稳步发展,投资者和员工利益能够得到有效保障。而缺乏战略思考能力和良好部署的创业者必将在创业过程中因遭遇环境、经济、技术、人员等变化导致应对无措,无法适应激烈的市场竞争,最终被淘汰。因此,只有具有长远目光和战略思考能力的创业者,才能获得投资者和创业团队内部成员的支持。

## （三）是创业者的一面镜子

创业计划书是创业者为自己开拓事业而量身定制的一面镜子,在撰写创业计划书的过程中,创业者必须冷静而谨慎地对自己和即将开始的创业活动进行全面审视,包括政治、经济、文化环境,产品或服务是否符合市场需求,企业可持续发展的战略等。

## （四）创业计划书是投资者决定是否投资的重要参考

从融资角度看,创业计划书通常被喻为"敲门砖"。在一份详细完备的创业计划书中,往往包含了投资者所需要的信息,如创业企业的现实业绩和发展远景,市场竞争力和优劣势,企业资金需要现状和偿还能力以及创业者及其团队的能力和阵容等。这些都是投资者关心的重点,是他们衡量创业企业实力和潜力的依据,并以此作为是否对创业企业进行投资的重要参考。

## （五）是创业团队及合作者共同奋斗的动力和期望

创业计划书是创业者理想与现实的连接桥梁。创业企业的预期目标战略、进度安排、团队管理等方面都是创业者理想的具体化图景,是创业团队奋斗的动力。明细的创业计划书有助于统一思想和路线,有助于创业团队成员的步调一致。创业计划书是合作者的"兴奋剂",能让创业者及其合作者紧密团结在一起,同甘共苦,打拼未来。创业计划书还是亲缘纽带的"黏合剂",优秀的创业计划书可以让创业者赢得亲友的信任与支持,坚定创业者在艰难的创业路上的信心与勇气。

### (六)为企业经营活动提供依据与支撑

创业计划书是为企业发展所作的规划,企业的创立与成长需要由创业计划书引领。创业计划书的主要构思围绕企业,主要内容更离不开企业,如资金规划财务预算、产品开发、投资回收、风险评估等,都与现实目标及企业发展休戚相关。因此,创业计划书是企业经营活动的有力依据和有效支撑,对创业行动具有指导意义。

### (七)是对资源的整合

撰写创业计划书前,必定要对创业过程进行全面思考,完成自我评估、市场调研、产品研发、市场定位等。创业计划书的书写实际上是对这些创业过程中各种凌乱、分散的信息和要素进行充分的研究,找出它们内在的联系,对它们进行调整和重组,实现有机承接,形成完整流畅的商业运作计划。并且,在这个过程中,创业者要对社会资源进行分析和运用,充分利用优惠政策、行业人脉等获得创业平台和资金,真正做到整合各方面资源,胸有成竹地开创事业。

## 二、创业计划书的撰写原则

创业计划书的撰写并不是随意的,要想保证创业计划书的合理性,需要依据一定的准则。

### (一)诚恳原则

诚信是双方展开合作的前提。创业计划书的关键是在论述时不能夸大其词,不能本末倒置,而应该坚持诚恳原则,因为夸大其词的描述会让读者感到反感,从而丧失合作的信念。

## （二）实事求是原则

创业不是凭空创造的，也不是从书本来的，而是要从客观的实际条件出发，用充足的实际资料作为证据，数据也应该是客观的，这样也就是在创业计划书中坚持了实事求是的原则。

## （三）市场原则

创业决不能是创业者想当然地做事情，而应该逐渐走向市场，在市场中获得信息与资源。这是因为，企业的创业多是从市场来的，利润也是市场的需求。因此，创业计划书需要以市场为导向，对市场的现状与走势有清楚的把握，对市场的商机进行分析，并明确其风险。

# 三、创业计划书的撰写要求

## （一）分析客观

创业计划书中的数字要保证具体性、客观性，不能凭空进行创造，或者含糊不清。因此，创业者需要进行市场调研，并对一些学术机构的资料进行引用与分析。研发的新产品如果已经初具模型，可以让消费者先进行测试，并取得专家的意见，这样才能使计划书更有效。

## （二）主次分明

考虑读者对象不同，因此要求创业计划书做到内容主次分明，尤其是针对对应的读者对象，将对方关注的内容凸显出来。对于上级领导、投资人等，在内容上应该做到主次有序。对于投资人来说，往往对于产品、发展潜力、行动方案、管理方案、回报等要给予过多的关注。

## （三）逻辑清晰

创业计划书要保证文笔流畅，并且保证思路是非常清晰的。有一些创业计划书，其内容构成要素是非常齐全的，但是缺乏主线将其进行关联，各个要素基本是散落的，这就会让读者不清楚。

## (四)结构规范完整

创业计划书具有一整套完整的格式,各个部分的内容应该是连贯的,并且严格按照编排的顺序进行编排。

## 四、创业计划书的基本内容

创业计划书在结构上主要可分为以下几个部分(表 7-2)。

表 7-2　创业计划书的基本内容

| 创业计划书的基本内容 | 具体阐述 |
|---|---|
| 封面 | 封面上应写明以下内容。<br>第一,指出是某公司创业计划书。<br>第二,注明公司地址、通讯方式。<br>第三,指出公司指定联系人的姓名和电话。<br>第四,注明相应的完成日期 |
| 扉页 | 这一页应向意向投资人出具关于本创业计划书的保密须知或守密协议,其目的在于保证创业计划书中的内容不致外传和泄露 |
| 目录 | 目录标明创业计划书各部分内容及页码 |
| 摘要 | 摘要应从正文中摘录出主要的、核心的、让阅读者关心的问题,一般包括企业介绍、产品或服务范围、市场概貌、营销策略、生产管理计划、销售计划、管理者及管理方式、财务计划、资金需求等 |
| 正文 | 正文是创业计划书的主体部分,应分别从公司基本情况、经营管理团队、产品或服务、技术研究与开发、行业及市场预测、营销策略、产品制造、经营管理、融资计划、财务预测、风险控制等方面对投资者关心的问题进行介绍 |
| 附录 | 附录是对正文中涉及内容的补充,对一些相关数据、资料进一步说明、介绍、解释。比如,公司的章程、市场调查问卷、调查分析、合同、知识产权的证明等 |

需要说明的是，创业计划书一般不要超过 50 页，应该尽可能简短而且内容全面，因为投资者经验丰富但时间有限，一份有效的创业计划书应该能很快吸引住投资者，进一步识别创业计划书中所涉及的关键性的核心问题。因此，创业计划书在撰写的过程中也要考虑阅读者的感受，不要过于虚华或夸张，但也要让投资者看到创业者的风险意识、认真负责的态度，智慧地展示创业者的创业思路与预期成果。

## 五、创业计划书撰写时应避免出现的问题

### （一）不专业或太花哨

创业计划书缺少封面、联系信息；在设计上与产品或服务关联性不强，过于花哨凌乱。

### （二）数据没有说服力

采用的数据、资料过于笼统，缺乏说服力；或者有的数据不是在认真、详细的调查基础上得到的。

### （三）概要部分太长且松散

概要是创业计划书的精华部分，有些计划书怕说不完、说不清，结果这部分篇幅很长，内容又不紧凑。

### （四）忽略竞争威胁

有的创业计划书不谈竞争，或者干脆认为自己的创业计划书"没有竞争对手"。这都是不能客观分析、正确对待事物的表现，是很危险的。

### （五）产品或服务导向缺乏应有的数据

对产品或服务不能提供数据的说明，只是凭"创意"概念，不能用数据、图纸来解释，只是简单的语言描述。

### (六)写作风格和分析深度不一致

创业计划书应该是完整的一个体系,从头至尾风格应该统一;应该突出重点、内容全面。对于关键问题、重点问题不能避重就轻、敷衍了事。

### (七)滥用资料而无针对性

有的创业计划书在撰写时把自己能够掌握的资料都用上,担心阅读者不重视。事实上,这样重点不突出反而会给阅读者增添不信任感。

# 第五节　大学生创业机会的识别与风险的规避

## 一、大学生创业机会的识别

创业机会是指受环境的影响,产生的一种具备开发价值的消费需求。

### (一)创业机会的特征

#### 1. 偶然性

创业机会需要靠人去发现,但是由于缺乏科学方法的指导而没有发现创业机会是很正常的,但不能说没有创业机会。大多数时候,创业机会不可能明显地摆在创业者面前,创业机会无处不在、无时不有,关键在于寻找和识别,要从不断变化的必然规律中预测和把握机会。

#### 2. 时效性

由于机会的公开性,别人也可能利用,这就改变了供需矛盾,加速了事物的变化过程,机会也就失去了效用,甚至成为创业者的威胁。对于创业者来说，要抓住创业机会并及时利用。

### 3. 客观性

创业机会是客观存在的，无论创业企业是否意识到，它都会客观存在于一定的社会经济环境之中。客观存在的创业机会对所有人都是公开的，每个创业者都有可能发现，不存在独占权。在创业者发现创业机会的时候，就要考虑潜在的竞争对手，不能认为发现创业机会就意味着独占，独占创业机会就意味着成功。

### 4. 潜在的营利性

对于创业机会来说，营利性属于前提与基础。创业者创造创业机会的主要目的在于为自己营利。如果不存在营利性，那么创业机会也就不存在了。同时，创业机会的营利性是具有潜在特征的。具体来说，需要创业者具备一定的知识与经验。因此，这对于创业者来说有一定难度。从表面看，很多创业机会具有较大的营利性，但是经过实践之后，可能并未获得营利。因此，这就要求创业者需要付出更多的努力，进行识别与评价。

### 5. 适应性

商业环境是初创企业赖以生存和发展的重要条件，包括政策法规环境、经济环境、社会环境、生产环境等。创业机会必须适应商业环境，能够使创业者在该环境中获得收益。

### 6. 不确定性

创业机会总是存在的，但机会的发展事先往往难以预料。创业机会在一定的条件下产生，条件改变了，结果往往也会随之而改变。创业者在发现创业机会的时候，一般是根据已知条件进行的，但结果可能会出乎意料，因为条件改变了，或者创业者利用机会的努力程度不够。

## (二)创业机会的识别方法

创业机会的识别方法大致可归纳为以下几种。

**1. 通过问题识别创业机会**

寻找创业机会的一个重要途径是善于发现和体会自己和他人在需求方面的问题或生活中的难处。因为有各种各样的问题，才有各种创业机会。问题永远存在。旧的问题解决了，新的问题又会出现，因此，创业永远存在机会。

**2. 通过技术创新识别创业机会**

任何产品或服务都有生命周期，会不断趋于饱和，达到成熟，直至走向衰退，最终被新产品或新服务所替代，创业者如果能通过技术创新跟踪产品或服务替代的步伐，就能够不断识别新的发展机会。

**3. 通过顾客建议发现机会**

一个新的机会可能会由顾客识别出来。顾客建议多种多样，最简单的，他们会提出一些非正式建议。他们还可以有选择地采取非常详尽和正式的短文形式。例如，如果顾客是一个组织，巨额支出就得包括在内，一些组织在将他们的需求"反向推销"给潜在的供应商的过程中非常积极。无论使用什么样的手段，一个讲究实效的创业者总是渴望从顾客那里征求想法。

**4. 通过传媒、社会关系网等途径识别创业机会**

当今，电视、广播、报纸、杂志和网络渠道都有各类创业项目的广告宣传，特别是招商加盟的广告宣传。要强调的是，一个成功的项目，它的原型必须是成功的，要认真对原型进行考察，切实从中找到好的创业机会，千万不可被虚假广告宣传忽悠。个人社会关系网的深度和广度影响着创业机会识别，在通常情况下，拥有很多社会关系的人比拥有少量社会关系的人容易得到创业机会，很多成功的创业者，都是在社会关系网的作用下识别和确定创业项目的。

## 二、大学生创业风险的规避

风险是一种对未来产生影响的趋势。风险与收益是呈正比的，越有可能获利,风险性就意味着越高。因此,新创企业在创立之前,需要努力寻找在创立时可能会存在哪些风险,并制定有效的策略对这些风险进行规避,将风险降到最低。

## (一)创业风险规避的原则

在规避创业风险时需要遵循一定的原则,概括来说,这些原则主要包括以下几方面(表7-3)。

表 7-3　创业风险规避的原则

| 创业风险规避的原则 | 具体阐述 |
| --- | --- |
| 科学性原则 | 企业设立的指标必须是可以衡量的,概念要清晰、明确,这样建立的体系才能够完整、可靠 |
| 比较性原则 | 企业设立的指标体系在横向和纵向可以进行对比,从而更好地规避创业风险 |
| 关键性原则 | 企业设立的指标在风险规避上可以起到关键性作用,能够体现出风险的特殊性 |
| 简单性原则 | 企业设立的指标是可以进行定量计算的,其计算过程是简单、易懂的,其结果是真实可信的 |
| 关联性原则 | 企业所设立的指标能够全面地、系统地体现出风险规避的具体内容,指标之间是相互关联的,是一个有机的整体 |
| 预测性原则 | 企业设立的指标能够体现出创业资源以及生产经营等风险的未来趋势。从而寻找到规避风险的有效方法 |

## (二)创业风险规避的方法

### 1. 有效地保障信息的传递

如何有效地保障信息的传递是企业要优先考虑的。企业外部信息的收集、内部信息的交流以及信息传递的安全性等问题,是企业所要解决的。企业可以建立专门的信息传递通道,保障信息的畅通,减少因为信息沟通不畅而导致的风险。

### 2. 常常反省与改良

企业应该记录在经营过程中所遇到的风险事件以及在面对风险事件时所采取的解决办法。经常回顾这些风险事件,反省自身为何会导致风险事件的发生,吸取教训并找出缺陷,提出改良的办法,提高企业应对风险的能力,避免以后出现类似的风险。

### 3. 创业者不断提高自身素质

要想成为一个优秀的创业者,必须具备一定的学识和技能。

(1)具备市场的相关知识

市场问题是每个创业者都必须面对的问题。虽然不是一定要求创业者有能力解决所有的难题,但是创业者应该对市场有一定的了解。创业者可以通过请教专家或询问专业公司等途径,来获取所需的市场知识。这样可以帮助创业者制定正确的营销策略,从而降低创业的风险。

(2)具备组织与判断能力

组织能力是指创业者能够建立有效的指挥体系,可以保证企业各部门或各环节能够高效运转,保证各项工作能够顺利开展。另外,创业者还应该具备一定的判断能力,知道哪些信息是有用的,哪些信息是虚假的,要有自己的见解,从而具备及时发现创业风险的能力。

(3)具备管理的相关知识

创业往往聚集的是一群来自不同行业的人,有人的地方就涉及管理。所以创业者要想提高团队的工作效率就得进行有效管理。创业者应该对企业管理有基本的理解,掌握整个企业的管理流程,以此来规避管理过程中可能会出现的风险。

(4)具备创新与沟通能力

创业者要想自己的企业立于不败之地,就要不断创新,给企业不断注入新的活力。创业者不能因为眼前的胜利,就有所松懈、停下前进的脚步,而是不断地学习新的知识,保持思维的活跃度。创业过程中会接触到形形色色的人,怎样让别人接受,这就需要一定的沟通能力。良好的沟通能力可以帮助创业者协调好各种人际关系,从而创造出友好的合作氛围。

4. 不断完善管理体系

企业的管理指的是对企业的生产经营活动进行计划、组织、指挥、协调和控制等一系列职能的总称。每个成功的企业都有一套管理体制，创业者大可不必复制成功企业的管理机制，只需要完善自己现有的管理体系，使之提高自己的核心竞争力，降低经营风险。

# 第八章　走向成功：大学生的创业实践研究

创业是一个国家经济持续发展和繁荣稳定的强大动力，是一个国家加快技术创新、解决社会就业、提高生产力发展水平的重大举措，是个人实现人生价值的重要途径和方式。在学习了创业的相关知识之后，关键还要付诸实践，本章即对大学生创业实践的相关知识进行简要阐述。

## 第一节　创业市场的评估

### 一、了解顾客

#### （一）了解顾客的意义

顾客购买产品和服务的目的是满足不同的需求，从政治经济学的角度来说，就是为了实现商品的使用价值和自然属性。通过了解顾客的意义，在创业的过程中要时刻记住：没有顾客，你的企业肯定会失败。所以，企业的创办要时刻考虑消费者的需求，如他们购买书籍，是为了增长知识；他们购买各式各样的衣服，是为了让自己穿戴更美丽；他们购买汽车，是为了出行更方便，等等。顾客是企业生存的根本，如果你不能满足他们的需要，或者你提供的产品或服务在价格或质量上与你的竞争对手存在差距，那顾客就会选择别的产品或服务，反之，则能成为你的回头客或者老客户，同时，可能还会帮你义务宣传你的企业。

## (二)顾客细分

顾客细分是将市场划分成不同类型顾客的过程,不同的顾客可能需要不同的产品和服务。顾客细分能帮助创业者了解以下内容。

第一,顾客是哪些人。

第二,顾客需要什么样的产品、服务,他们最看重产品、服务的什么方面等。

第三,顾客愿意出多少钱购买产品和服务。

第四,顾客喜欢在什么地方、什么时候购物。

第五,顾客的购买量有多大。

第六,顾客的数量能否增加和保持稳定。

## (三)确定目标顾客

顾客对企业非常重要,但是,不是所有顾客都是企业所需要的。对企业来说,要想顺利发展必须准确地定位企业的目标顾客。目标顾客是指企业生产的产品或提供的服务所针对的对象,是产品或服务的直接购买者或使用者。目标顾客由人、需求和购买力三个要素构成。三要素的关系相互依存、相互作用。面对众多的顾客,企业经营者需要清楚未来哪些顾客会购买自己的产品或服务,他们的消费水准有多高,他们有什么共同之处,针对他们的需求需要开展怎么样的营销活动。这些问题都是关于怎么才能确定自己的目标顾客,要解答这一问题应结合目标顾客三要素,需要经营者转变经营思路,由"怎样赚钱?"转变为"我能帮助顾客解决什么问题?"而且至少完成以下两个步骤。

第一,根据顾客需求及购买习惯的不同对顾客进行分类,并描述清楚每个顾客的特点和范围。

第二,选择一个或多个顾客群体作为你要了解或者选择进入的目标市场。

## (四)收集顾客的相关信息

为了更详细也更有针对性地了解顾客的情况,必须要掌握关于收集顾客信息的基本方法,概括来说主要有以下几种(表 8-1)。

**表 8-1 收集顾客相关信息的方法**

| 收集顾客相关信息的方法 | 具体阐述 |
| --- | --- |
| 经验法 | 根据自己已有的行业知识或经验,对本行业顾客信息做出判断 |
| 观察法 | 企业经营者可以直接观察顾客的购买情况,收集有效信息 |
| 实验法 | 运用实验的方法对特定的顾客在特定的环境下,用试销或者试营业的方式进行观察,观察调查对象对产品或服务在不同细节或环节上的反馈信息 |
| 访谈法 | 企业主可以从业内人士那里了解本行业市场方面的有用信息或者与该产品的主要销售商交流,从中获得信息 |
| 检索法 | 利用网络、报刊等媒体检索相关的顾客信息 |
| 问卷调查法 | 通过设计调查问卷,并让特定人根据自己实际情况填写问卷,以获取信息 |

需要注意的是,在现实中,还有很多收集顾客信息的方法,为保证收集信息的有效性,在选择收集信息的方法时,一定要选适合自己而且运用成熟的方法,并且收集的顾客信息越多,越准确,越有利于企业的经营决策。

## 二、了解竞争对手

### (一)明确竞争对手

一般情况下可以从以下三个方面来确定你的竞争对手。

第一,与你的企业在相同区域。

第二,与你的企业有相同的目标顾客。

第三,在市场份额占有上互有影响。

从一般意义上讲,所有与你的企业争夺同一目标客户群体的企业都可视为你的竞争对手，但实际上只有那些有能力与你的企业抗衡的竞争者才是你真正的竞争对手。

## （二）收集竞争对手信息

### 1. 收集竞争对手的基本信息

收集竞争对手的基本信息主要包括以下几方面。

（1）了解企业的名称

企业名称是企业的重要标识，企业名称往往指明了企业所属行业领域，或指明其所在地理位置，或强调其企业文化精神等，从企业名称中可以获得有价值的情报。

（2）知道企业的地址

企业地址是指企业的营业场所或办公场所，从企业地址可以推断出企业是否有实力等有用的情报。

（3）知道企业网址

企业网站含有大量的企业信息，企业网站的网址是进入该网站的重要途径，同时，网址是使用网页跟踪监测软件所需要的信息元素。

（4）找到企业的联系方式

联系方式是了解竞争对手的一个非常重要的信息。通过联系方式，能够搜索出该联系方式的网络信息，这些信息往往反映了该企业的广告、营销与宣传战略，而且这是直接联系该企业的重要途径，通过和竞争对手取得联系，可以直接获得更多有用信息。

（5）企业登记注册与审批信息

企业在工商、税务部门的登记信息一般涉及企业的经营范围、注册资本、股东的姓名或名称、股东的出资方式与出资额、股东转让出资的条件等信息。因此，该类信息含金量比较高，且是可以查阅的。

### 2. 收集竞争对手的产品与服务的信息

这类信息主要包括以下几种。

第一，产品的基本信息。

第二，产品生产与销售情况。

第三，产品与服务项目详情。

第四,产品价格。

第五,产品品牌、包装组合情况。

第六,产品与服务的信誉度。

第七,产品与服务项目的研发。

第八,产品样本、资料或服务项目描述。

### 3. 收集投资与经营状况的信息

这类信息主要包括以下几种。

第一,投资信息,包括资本投资总量、投资领域与地域分布、海外采购情况等。

第二,合作伙伴、战略同盟情况。

第三,财务信息,包括固定资产、流动资产、产值、主要成本、主要利润源、税金、利润增长、资产收益率等。

第四,客户与用户情况,包括客户名单、数量、地域分布、行业分布、客户评价等。

### 4. 收集企业文化及管理决策特点的信息

企业文化及管理决策特点主要包含以下几点。

第一,企业战略目标、价值追求、口号、制度规范等。

第二,企业决策程序,主要决策者的做事风格和特殊偏好。

第三,员工之间、管理层之间、员工与管理层之间的关系等。

第四,员工进修与学习制度,培训方式与项目,以及员工集体生活状况,尤其是大型集体活动开展的频率与主题内容情况。

第五,后勤组织与服务的情况。

第六,企业的作息时间、人性化管理。

第七,基础保健与休闲娱乐设施情况。

第八,特殊事件下公司各层级管理人员与员工的反应。

### 5. 其他重要信息

第一,厂房面积、生产设备数量与状况、办公地点与环境、办公设备等企业基础设施情况。

第二,拥有的核心技术与核心产品等核心竞争因素。

### 三、制定市场营销计划

市场营销计划是指通过市场调查等方式了解顾客的需要，并在力所能及的范围内最大化地为顾客提供其所需要的产品和服务，以合理的且具有竞争力的价格去占领一定的市场份额，为了实现这一目的，还应进行一定的促销活动。成功的促销活动对提高企业的竞争力具有极大的作用。如何保证所做的努力取得最大化的效果，关键就在于企业做好市场营销计划。

### （一）市场营销计划的作用

市场营销计划的作用如图 8-1 所示。

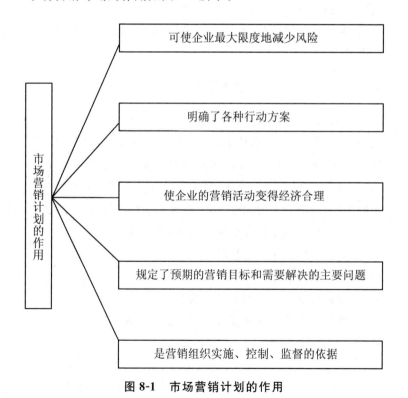

图 8-1　市场营销计划的作用

1.可使企业最大限度地减少风险

市场营销计划是在市场调研、分析和预测的基础上制定的，能够使企业明确市场环境的影响，对不利的市场趋势和营销机会能够及时识别，在利用环境的同时能够最大限度地降低风险。

2.明确了各种行动方案

为了达到营销目标，市场营销计划通常都会明确一些具体的营销策略和行动方案。这样，便于营销人员进行任务分工，明确各自的职责、工作步骤，从而积极主动地去完成具体任务。

3.使企业的营销活动变得经济合理

由于营销计划是用明确的目标和努力来代替不协调、分散的活动，因而可以使企业预先测知各种资源的需要量，并进行合理的分配，使营销费用降低到最低限度，使营销活动变得经济合理。

4.规定了预期的营销目标和需要解决的主要问题

通过制定营销计划，可以使企业明确前进的方向，使企业的各种营销活动都指向营销目标，从而增强应变能力，提高预见性，使企业各部门之间保持协调一致，促使营销目标的实现。

5.是营销组织实施、控制、监督的依据

营销计划为营销控制提供了标准和依据，使企业管理者能有效地控制、监督、评价各种营销活动的进行和效果，保证企业营销任务和目标的实现。

## (二)市场营销计划的特点

市场营销计划的特点主要包括以下几方面。

1.可行性

市场营销计划所规定的任务、目标，做出的各项决策必须是可行的，即是企业的主客观条件所能达到的。

2. 整体性

企业是一个由生产、营销、财务、人事等众多部门构成的，各部门之间相互影响、相互制约。因此，企业在制定营销计划时必须统筹营销活动的各个方面，整体安排，使营销计划与其他各部门的计划协调一致。

3. 连续性

连续性是指计划要前后衔接。为此，中期计划的制定必须以长期计划为指导，与长期计划相衔接，短期计划的制定必须以中、长期计划为指导，与中、长期计划相衔接。

4. 灵活性

市场营销计划是关于未来营销活动的行动方案，而未来充满着众多事先难以预料的不确定因素，因此，在编制市场营销计划时一定要留有余地，一旦环境因素发生变化，能对原定计划加以修订或调整。

5. 经济性

企业制定的市场营销计划必须遵循经济效益原则，以较少的费用支出实现较大的营销效果。

## (三)市场营销计划的实施

1. 营销计划的实施条件

要保证市场营销计划顺利实施，以下一些问题不容忽视(表8-2)。

表8-2　营销计划的实施条件

| 营销计划的实施条件 | 具体阐述 |
| --- | --- |
| 制定实施行动方案 | 为了有效实施市场营销计划，市场营销部门以及有关人员需要制定详细的行动方案。该方案应该具体规定由"谁"在"什么时间""什么地点""如何"执行某项具体任务 |

续表

| 营销计划的实施条件 | 具体阐述 |
|---|---|
| 调整组织结构 | 组织的机构设置应该与计划任务相一致,即必须根据公司战略、市场营销计划的需要,适时改变和不断完善组织结构 |
| 形成规章制度 | 为了保证计划能够落实到实处,必须设计相应的规章制度。在这些规章制度中明确与计划有关的各个环节、岗位,人员的责、权、利关系以及相应的奖惩规定 |
| 协调各种关系 | 市场营销计划的实施涉及公司各个层次的工作。各方关系的协调状况直接影响到整体营销计划的实施效果。营销者要具备推动并影响他人把事情办好的能力。协调各方的关系,是市场营销计划实施过程中不容忽视的一环 |

2. 营销计划实施过程中可能出现的问题

(1)长期目标与短期目标相互矛盾

计划常常涉及公司的长期目标,但由于公司对于具体操作实施人员的考核,又大多根据他们的短期工作绩效进行。因此,具体的计划实施人员往往不得不选择一些短期行为以保证自身的利益,而这种一味追求短期利益的行为往往是以牺牲公司的长期利益为代价的。例如,一些销售人员一味地追求销量的提高,而不考虑公司是否有足够的资源和实力进行售后服务保证。这样做虽然使公司短期的销量上去了,但从长期看可能造成顾客满意程度逐渐下降。克服这种长期目标与短期目标相互矛盾的问题,不仅需要合理的激励考评制度,而且需要高层管理者观念方面的改变。

(2)计划脱离实际

克服这一问题的关键在于,利用专业人员协助有关市场营销人员共同制定营销计划。由于基层人员可能比专业计划人员更了解实际情况,并能将它们纳入计划管理过程,这将更有利于市场营销计划的实施。

(3)创新与因循守旧的矛盾

由于市场营销所处的外部环境是不断变化的,为了适应环境的变化，公司无论在经营观念方面，还是在市场营销计划制定方面都必须不断创新，这就要求相应的组织机构不断进行调整配合。要想实施新的营销计划，常常需要或多或少地改变传统的组织结构和运行流程。

## 第二节　创业团队的建设

### 一、创业团队的概念

创业团队是由两个以上人员组成的具有一定利益关系、才能互补、责任共担、愿为共同的创业目标而奋斗的工作团队。团队中的每个人都既能够满足特定需要而又不与其他的角色重复。一个创业团队只有处在角色平衡、人数适当的状态时，才能充分发挥高效运转的协作优势（图 8-2）。

图 8-2　创业团队

### 二、创业团队的发展过程

根据经典的塔克曼（Tuckman）团队发展过程理论，一般将创业团队的发展分成以下几个阶段。

## (一)启动阶段

该阶段的显著标志包括两个方面。

第一,缺乏共同创业的经验。

第二,对未来可能会收获的回报充满了期待。

在这一个阶段,团队最重要的任务是积累创业的经验,同时积极寻求能够促进企业发展的外部力量。

## (二)成长导向阶段

这个阶段的主要任务包括两个方面。

第一,创业团队应该努力发展自己,提高自己的竞争力。

第二,对于企业内部遇到的各种问题积极有效解决,并不断思考企业未来发展的方向。

## (三)愿景阶段

在这个阶段,创业团队成员已经拥有了一个清晰的发展愿景。

这个阶段的主要任务包括以下几方面。

第一,创业团队成员应该将愿景分为一个个小的目标,通过不断完成小目标而最终实现自己的愿景。

第二,明确团队成员的角色和职责。

第三,团队领导者了解成员之间的差异,并且能够消除这些差异带来的影响。

## (四)制度化阶段

这个阶段的特征是团队成员从对新企业的创立者的忠诚转变为对当前事业及其未来发展方向的关心,不是关心领导者个人的雄心和价值观,而是关心整个组织的发展趋势。

## 三、成功创业团队的特征

一般来说,一个成功的创业团队成员均具备以下几个特征。

## （一）具有强烈的企图心

企图心是指一个人做成某件事情或达成既定目标的意愿。新创企业往往会面临资金、技术、人脉等诸多问题，尤其需要创业团队成员有坚定的创业信念和不屈不挠的斗志，如果没有强烈的企图心，创业团队会失去发展的动力，新创企业很难在激烈的市场环境中生存和发展。团队成员强烈的企图心可以促进整个团队努力进取、克服困难。

## （二）坚守基本经营理念

新创企业要得到快速发展，必须坚守基本的经营理念。它主要包括顾客第一、质量至上和诚信经营的原则，在此基础上，还要做到科学管理，重视科学技术在企业中的具体应用，尊重员工，为员工的发展提供良好的平台。

## （三）性格平和，心胸宽大

新创企业在规范管理方面还处于萌芽阶段，制度和规范，尤其是对人的规范往往没有建立起来，大家所站的立场，以及个人经历、性格特点各不相同，团队内部很容易产生争议。创新创业者应该有博大的心胸，能宽厚待人，懂得如何把握"合作"带给自己的快乐、喜悦和丰收的硕果。在选择好合伙人后，我们就需要与合作者或合伙人和睦相处，虚心听取别人的意见，遇事要不急不躁、心态平和。

## （四）专业能力的完美搭配

选择不同专业和技能的人加入创业团队，优秀的创业团队中的人员各有所长，大家结合在一起，正好互相补充、相得益彰。

## （五）能够激发创业者的斗志和灵感

创业团队的存在，一方面无形中给创业领导者一种压力，因为创业领导者在考虑自己的同时，也要为团队成员的未来考虑。因此，领导者必须时刻保持高昂的斗志，这样才能带动整个团队的氛围。另一方面，在团队遭遇困难时，团队成员之间群策群力，产生灵感火花，并通过互相鼓励和支持,迅速摆脱困境,实现新创企业的快速成长。

### (六)公平合理的利益分配机制

对新创企业来说,建立起一整套公平合理的利益分配机制至关重要。在创业时,首先要明确创业团队成员是需要激励的,要尊重并认可成员为企业所创造的价值,并要及时给予他们应有的回报。在创业实践中,许多创业团队在创业初期还能够大家心往一处想,到了企业走向正轨时,因为利益分配问题导致创业团队离心离德。因此,在设计利益分配机制时,要做到合理、透明与公平,股权激励要与他们所创造的价值、贡献相匹配。

### (七)能够缓解创业初期的矛盾

在创业的初期,往往存在人员紧张、组织结构不完善、职能划分不清等问题,而创业团队可以有效地解决这些问题。团队成员各尽其能,以别人的长处弥补自己的短处,从而提高自身的创业效率。

### (八)有利于获取外界投资

简单来说,个人独自创业的创业者去寻找投资者,投资者很可能兴趣不大。但如果告诉投资者自己有一支高水平的创业队伍,那么投资者很有可能给这位创业者一个机会。

## 四、创业团队的意义

创业团队的意义如图 8-3 所示。

### (一)可以实现个人无法完成的创业目标

创业需要的是一个系统,作为单独的一个人,不可能具备创业所需要的所有技能和资源。

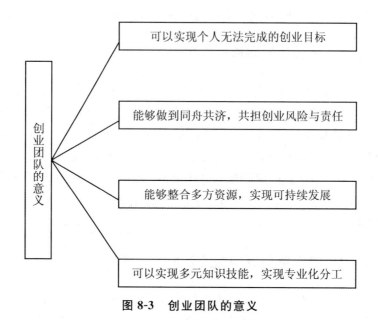

图 8-3　创业团队的意义

## （二）能够做到同舟共济，共担创业风险与责任

创业团队中员工与员工之间、员工与企业之间因为一个共同的信仰捆绑在一个共同的潜意识中，从而能够做到"心往一处想，劲往一处使"，遇到挫折时相互理解和谅解，勇于承担责任和风险。

## （三）能够整合多方资源，实现可持续发展

一个好的创业项目需要资金、技术、经验、信息、人脉等多方面资源的支撑，创业团队能够对上述资源进行合理配置和科学整合，更好地发挥其竞争优势。

## （四）可以实现多元知识技能，实现专业化分工

创业团队可以把互补的技能和经验组织到一起，每个人都发挥自己的长处和优势，实现高效的配合，达到事半功倍的效果。互补性的创业团队成员可以贡献差异化的知识、技能、能力等，这些资源能够帮助新创企业更好地克服创新的风险。

## 五、组建优秀创业团队的要点

### (一)相互信任

信任是解决分歧、达成一致的唯一途径。大学生创业团队不仅要志同道合，更需要彼此信任。最初创业时，要把最基本的责、权、利说得明白透彻，尤其股权、利益分配等。这样在企业发展壮大后，才不会出现矛盾。

### (二)理念一致，目标相同

第一，所有团队成员都必须认同大家共同确定的创业目标、企业发展战略、经营理念、企业文化等，都必须保持对企业长期经营的信心。

第二，所有团队成员都必须认识到团队是一体的。

第三，所有团队成员都必须对工作抱有满腔激情，必须要有每天长时间工作的准备。任何人不管其专业水平多么高。如果没有激情，将无法适应艰苦的创业生活。

第四，所有团队成员均应了解企业在成功之前将会面临的挑战，不能因为有困难就退出，如确有特殊原因需提前退出团队，必须将股权优先转让给团队成员。当企业面临困难时，大家必须齐心协力，共同面对，共同解决。

### (三)取长补短

一般来说，一个优秀的创业团队必须包括以下几种人。

1. 一个很好的"管家"

此人主要负责企业的日常运营及各项规章制度的制定。由于企业日常事务非常琐碎，因此，此人必须心思缜密、工作细致。

2. 一个很好的"领袖"

此人必须能够高瞻远瞩，能够为企业制定明确的战略、战术；必须有很好的人品,处事公正,能够服众,能够团结整个团队;还必须具有很好的协调能力,能够及时化解团队成员的矛盾。

### 3. 一个很好的"财务总管"

资金是企业的生命线,因此,创业团队最好有个好的"财务总管",能合理地安排企业收支,帮助企业融资。

### 4. 一个很好的"营销总监"

我们经常说,产品是基础,营销是龙头。如果营销不行,产品就不能变成钱,企业只有关门大吉。

此外,如果创业企业是一个技术类企业,可能还需要一个很好的技术专家,从而帮助企业不断地将技术或产品推陈出新,始终站在行业的前沿。

## 六、大学生创业团队组建的一般程序

大学生创业团队组建的一般程序如图 8-4 所示。

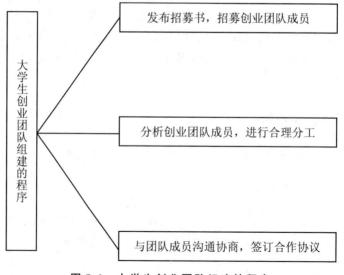

图 8-4　大学生创业团队组建的程序

### （一）发布招募书，招募创业团队成员

组建创业团队，要由创业发起人发布招募书，招募人员。招募书要按照一定的格式制定，并载明有关事项，包括招募序言、招募缘由、招募的对象、加入团队后的培训、报名方式等。

### （二）分析创业团队成员，进行合理分工

招募到合适的团队成员之后，要认真分析团队成员，发掘他们的特长，明确他们的不足，进行合理分工。对创业团队中的每个成员都不能轻视。

### （三）与团队成员沟通协商，签订合作协议

合理分工之后，团队成员要沟通交流，确立有效快速的沟通机制。只有协作一致，沟通到底，成员之间才能够很好地配合工作。虽然沟通是为了团队更好地发展，但是单纯的沟通并不能保证团队的稳定发展，团队需要在沟通之后签订合作协议。

# 第三节 创业融资

## 一、创业融资的概念

创业融资是指创业者为了将创意转化为现实，通过不同的渠道，采用不同方式筹集资金，为了达到建立企业的目的的一种融资形式。

## 二、创业融资的分类

根据不同的标准，可以将创业融资分为不同的类型（表8-3）。

表 8-3    创业融资的分类

| 分类的依据 | 类型 | 具体阐述 |
|---|---|---|
| 根据创业融资是否以金融机构为媒介进行分类 | 直接融资 | 直接融资就是创业者不经过银行等金融机构直接与资本供应者协商借贷，或直接发行股票、债券等筹集资本的活动。在直接融资过程中，资本供求双方借助于融资手段直接实现资本的转移 |
| | 间接融资 | 间接融资指创业者借助于银行等金融机构进行的融资活动，它是传统的融资形式。在间接融资形式下，银行等金融机构发挥中介作用，预先聚集资本，然后提供给融资企业。间接融资的基本方式是向银行贷款，此外还有向非银行金融机构借款、融资租赁等 |
| 根据资金来源的不同进行分类 | 内部融资 | 内部融资是指创业者自己或在家庭中通过原始积累形成的资本来源。内部融资是在创业者个人、家庭或亲朋内部形成的，一般无须花费融资费用。对于创业者而言，内部融资主要来源于父母、亲朋的支持，也有个别来自自己的积累 |
| | 外部融资 | 外部融资指在内部融资不能满足需要时，向上述人际圈之外融资而形成的资金来源。对于很有发展潜力的创业项目来讲，内部融资往往难以满足需要。因此，创业者就需要开展外部融资。外部融资大多需要花费融资费用，创业者应在充分利用内部融资之后，再考虑外部融资问题 |

续表

| 分类的依据 | 类型 | 具体阐述 |
|---|---|---|
| 根据创业融资的属性进行分类 | 债权融资 | 债权融资指企业通过举债的方式进行融资,债权融资所获得的资金,企业需要支付利息,并在借款到期后向债权人偿还本金 |
| | 股权融资 | 股权融资指企业通过出让部分企业所有权,通过企业增资的方式引进新的股东的融资方式。股权融资所获得的资金,企业无须还本付息,但新股东将与老股东同样分享企业的盈利与增长 |
| 根据创业融资的期限进行分类 | 长期融资 | 长期融资指创业需用期限在一年以上的融资,通常包括各种股权资本和长期借款、应付债券等债权融资 |
| | 短期融资 | 短期融资指创业需用期限在一年以内的融资,一般包括短期借款、应付账款和应付票据等,通常是采用银行贷款、商业信用等筹集方式完成的 |

## 三、创业融资的风险

创业融资风险指企业因创业融资而带来的种种不可预测性。概括来说,创业融资的风险主要包括以下几种。

### (一)创业团队人员自身可能引起的创业融资风险

创业者由于急于得到资金用于企业启动运转,往往通过低价进行股权售卖和技术创意的转赠,导致毁约,对企业信誉产生负面影响,创业融资风险加大。大学生在选择融资对象上缺乏风险意识和理智判断。同时,种子期的创业企业团队里全部是技术人员,缺乏专业的财务管理人员。企业的财务工作集中在日常的记账、算账等,而没有人手来研究资源配置、缓解债务负担、加速资金周转、优化资本结构、提高资金使用效益等问题,这就可能会导致企业的资金分配不合理、资本结构混乱、资金周转停滞等风险的出现。

## (二)创业企业内部治理不当引起的创业融资风险

创业企业内部治理不当所引起的融资风险在企业创始期十分突显。企业创业之初,往往会忽视财务内控制度的建设。比如,创业企业缺少资金流动手续的章程使得企业中资金进出业务无章可循,办事效率低下,分工不明确;资金回收意识淡薄,账目上存在多笔滞账,不良资产成为公司发展的后患;资金不依照项目进程拨付,造成资金超支、损失浪费。

## (三)创业企业信用建设缺失所引起的创业融资风险

企业创始初期的融资风险大的另一个原因就是企业不注重信用建设,对企业的信誉产生负面影响,如会计信息不透明,做假账、空账,偷税漏税等。企业在政府所构建的创业信用保障机制中评级评分低,导致银行等金融机构一般会提高对创业企业贷款的条件,使得融资难度变大,导致种子期、创立期的企业获得权益性投资的难度增大,发生权益融资风险;在成长期会失信债权人,难于融入债务性资金,使得企业从一开始就不易平稳运行。

## 四、创业融资的渠道

### (一)个人资金

对大学生创业者来说,个人资金往往来源于父母的资金支持以及自身资金的积累。这一融资渠道受家庭条件的影响很大。与其他的融资渠道相比,这一创业融资渠道有两个突出的优势。

第一,避免了从外部寻找投资者所占用的大量的精力、时间和费用。

第二,避免了一味地遵循投资者的标准而降低创业者创办新企业时的灵活性,有利于创业大学生最初的创意得以实现。

## （二）亲友资金

亲友资金又叫亲情融资，就是向身边的亲朋好友筹措创业启动资金。对于大学生创业来说，新创企业早期需要的资金具有高度的不确定性，但由于需求的资金量相对较少，因此，对银行和其他金融机构来说缺乏规模经济性；除了一些特殊情况，机构的权益投资者和贷款人几乎不涉及这一阶段的新创企业。从这个意义上讲，新创企业融资，除了创业者本人的资金外，亲戚或朋友借款是最为常见的资金来源。亲情融资具有显著的优点。

第一，没有烦琐的手续。

第二，出于他们与创业者之间的亲情关系，也由于他们易于接触，他们是最可能进行投资的人，成功率相对较高，而且没有高额的投资收益要求。

第三，为你投资的亲人会在你创业的其他方面全力支持你，为你获得资金之外的高附加值服务。

## （三）银行贷款

向银行申请贷款是常见的创业融资方式，创业者也可以通过银行贷款来补充经营过程中的资金不足。我国现在许多银行都提供创业贷款，各家银行的创业贷款都拥有各自不同的特点，贷款条件和要求也有所不同，选择适合的银行，能在贷款的时候为自己省下不少时间。银行贷款以"盈利性、安全性、流动性"为基本原则。银行创业贷款是创业者可以合法利用的一种资源，但由于创业的高风险性和不确定性使得创业者在创业初期很难从银行取得无担保贷款，所以在申请时要注意以下几个要点。

第一，关注政策，享受银行和政府的低息待遇。

第二，精打细算，合理选择贷款期限。

第三，谨慎选择，提供可靠的贷款担保。

第四，提前还贷，提高资金使用效率。

## （四）合作融资

合作融资也叫合伙融资，是直接吸收单位或个人投资，建立起一支紧密的创业团队,合伙创业。合作融资的对象通常是创业者的同学、朋友、亲戚,其中又以同学居多。合作融资与其他融资方式相比,有三个特点。

第一,创业者不再拥有公司全部股份,而是合伙人共同持有。

第二,合伙人共同参与决策、经营和管理,当然合伙人之间应有明确的分工。

第三,公司的收益如何在合伙人之间进行分配,由合伙人协商制定,而不一定根据公司股份分配。

## (五)创业投资基金

创业投资基金是指由一群具有科技或者财务专业知识和经验的人士操作,并且专门投资在具有发展潜力以及快速成长公司的基金。创业基金支持的对象,即有资格申请创业基金的个人或法人,应具备符合相关条件。

第一,申请人或企业法定代表人主要从事高新技术产品的研制、开发生产和服务业务。

第二,申请人或企业法定代表人为在校大学生(含硕士、博士),且在校期间无不良在校记录。

第三,申请人或企业法定代表人有较强的市场开拓能力和较高的经营管理水平,并有持续创新的意识。

## (六)其他融资渠道

除了以上几种融资渠道外,大学生还可以通过以下几种方法来融资。

### 1. 用良好的信用说服别人

良好的信用和经营信誉是创业者的无价之宝,凭借它,可以有效地说服别人为你的创业提供各种方便条件。

### 2. 加盟大公司的连锁经营

有许多创业者在刚开始起步的时候,为了扩大市场份额而选择连锁经营的方式来扩充自己。而一些大的公司,为了有效而快速地扩大连锁经营的覆盖面，也常常推出一些优惠措施如免收加盟费、赠送设备、帮忙选址等，广泛吸收个体业主加盟经营。对于缺乏资金的创业者来说，虽然不是直接的资金扶持，但是这些优惠措施无疑等于给创业者一笔难得的资金。

# 第四节 新创企业的管理

## 一、新创企业的财务管理

### (一)财务管理的概念

财务管理是企业管理的一个组成部分，它是根据财经法规制度，按照财务管理的原则，组织企业财务活动，处理财务关系的一项经济管理工作。财务管理可以影响人生目标与企业价值的实现。对于创业者来说，企业当前经营问题的分析与判断需要财务管理知识，经营风险的掌控也要财务管理知识加以分析，项目或产品的选择，企业经营优劣势的分析，都离不开财务管理知识。

### (二)财务管理的原则

#### 1. 风险与收益均衡的原则

高风险高收益是市场经济的基本规律，创业者要思考自己能接受的最大风险是什么，在最大风险的范围内在收益与风险之间取得均衡状态，采取合适的财务管理活动。创业者还要对各种风险因素作深入研究和仔细分析，慎重决策，避免"好大喜功"给企业带来严重后果。

#### 2. 成本—效益原则

创业企业财务管理的盈利性目标要得以实现，就要求企业要降低成本，不断提高效益，实现最少的成本支出获取最大的收益。成本—效益原则应该体现在企业的整个财务管理活动中，追求产值或利润最大都要建立在合适成本的基础上。

### 3. 资源合理配置原则

从资源配置角度来说，企业是将筹集到的财务资源进行再组合、再分配的一个组织，理想状态下，这应该是达到最优组合，发挥组织最大效用的组织。创业企业不仅应十分重视如何取得最低成本的财务资源，还要将这些珍贵的财务资源合理配置。

### 4. 利益关系协调原则

创业者如果是初次创业的话，可能会无法理清各种各样的财务关系，创业企业可能还没有足够的时间、精力和经验来建立确保经营者的利益与企业的利益相一致的机制。但有几个利益关系企业必须要首先处理好。在处理好财务关系的基础上，企业才能开展各项活动，实现综合发展。

第一，依法纳税，这是妥善处理与国家的利益关系的基础。

第二，确保员工的薪资收入和各项福利，这是处理好与员工的利益关系的重要内容。

## （三）财务管理的目标

### 1. 利润最大化

利润最大化强调了创业企业的生产经营活动的目的在于利润，这一目标简单实用，容易计算和比较。但是也有很大的局限性，如没有考虑货币时间价值因素和风险因素，没有考虑投入资本与创造利润之间的关系，也容易让企业经营者过分关注短期利润。导致短期行为，忽视企业的长期发展。

### 2. 企业价值最大化

企业价值最大化是企业全部资产的经济价值，是企业资产未来预计现金流量的现值之和。企业不仅是股东的企业，企业价值的增加是股东财富的增加和债务价值的增加合计，而债务价值是可以随着市场利率的波动而波动的。企业价值最大化拥有股东财富最大化具备的所有优点。而且因为考虑了企业的价值而非价格,能克服价格受外界因素干扰的弊端,还兼顾了其他的利益相关者。但是可操作性差以及难以计算和衡量是其最大的缺点。

### 3. 股东财富最大化

企业是股东的企业,股东创办企业就是要增加股东财富,股东财富可以用股东权益的市场价值衡量。股东财富最大化相对利润最大化而言,考虑了货币时间价值、风险价值,有助于规避企业的短期行为,并且也考虑了利润与投入资本之间的关系。但股东财富最大化仍然有其不足之处。例如,只有上市公司才能使用股东财富最大化目标,非上市公司无法衡量股价的高低;即使上市公司股价的变动也受到多种因素的综合作用等。

## (四)财务管理的注意事项

### 1. 印章

公司印章一般都包括行政章、财务章、合同章和部门专用章。一般情况下,公司行政章、合同专用章可指定综合办公室专人负责管理,公司财务专用章仅在公司对外开具的票据和办理与公司相关的金融事务以及财务报表时使用,可由公司财务部门负责人管理。财务章涉及对外开具票据或支票时使用,故要妥善保管。公司进行对外宣传,企业管理对外业务,公司决策,行政事务等有关文书,就需用到行政章或合同专用章,一般由总经理的审批方可办理。公司生产、经营、管理部门专用章对外不具有法律效力,只用于本部门对外的一般业务宣传或代表本部门向公司书面汇报情况或提议。加盖合同章的文书或协议具有法律效应,企业负责人应妥善保管,即使有外出洽谈业务也要在使用完毕后,及时收回,妥善保管。同时,由于印章的特殊性和重要性,印章必须由各保管人妥善保管,不得转借他人。如果财务章、合同专用章在使用中遗失,必须尽快进行登报申明作废,并向有关部门提出挂失处理,以免给公司带来损失。

2. 支票

支票是出票人签发的,委托办理支票存款业务的银行或者其他金融机构在见票时无条件支付确定的金额给收款人或者持票人的票据。不管是现金支票还是转账支票,最终目的就是能够在银行兑现,这就需要在开户行里一定要有足够的余额支付你所要支出的支票款项。在开具支票时应注意以下问题。

第一,请注意支票的兑现期为10天。

第二,签发支票应使用碳素墨水或墨汁填写,签发日期应用大写数字。

第三,开转账或现金支票时要确定日期,非必要最好不要超过你所开出的当天日期。

第四,不论是现金支票,还是转账支票,背书人的银行预留印鉴都要与支票上你所签发的单位收款人一致,否则银行不予受理。

第五,要确定你所要支付的单位,一般支票在企事业单位的财务中都有严格的要求,就是不允许收款人名称栏中为空白,但也有例外的。

第六,分别填上金额的大写、小写和用途,如不填上用途的话,银行是不会支款的,注意大小写金额必须一致。

第七,转账支票和现金支票明显的区别就在于现金支票需要以单位的财务专用章加盖骑缝章,银行才会视为有效,否则不予受理,转账支票就不用了。

## 二、新创企业人力资源管理

在一个企业中,人力资源是最活跃、最重要的创业资源。为了保障企业按照既定的战略和组织体系有序运行,必须有效管理企业的人力资源。具体来说主要包括以下几方面内容。

### (一)人力资源规划

人力资源规划是根据组织的发展战略、组织目标及内外环境的变化,预测未来的组织任务和环境对组织的要求,为完成这些任务和满足这些要求而提供人力资源的过程。人力资源规划包括两个层次,即人力资源整体规划和人力资源业务规划。

### 1. 人力资源整体规划

人力资源整体规划是针对计划期内人力资源规划结果的总体描述。在整体规划中,最主要的内容就是供给和需求的比较结果。进行人力资源规划的目的就是得出这一结果。

### 2. 人力资源业务规划

人力资源业务规划是总体规划的分解和具体化,包括人员补充计划、人员配置计划、人员培训开发计划、工资激励计划、员工关系计划和退休解聘计划等内容。每一项都应设定出自己的目标、任务和实施步骤等。

## (二)工作分析

### 1. 工作分析的程序

工作分析的程序如表8-4。

**表8-4 工作分析的程序**

| 工作分析的程序 | 具体阐述 |
| --- | --- |
| 准备阶段 | 准备阶段的任务是了解有关情况,建立与各种信息渠道的联系,设计全盘的调查方案,确定调查的范围、对象与方法 |
| 调查阶段 | 调查阶段的主要工作是对整个工作过程、工作环境、工作内容和工作人员等主要方面做一个全面的调查 |
| 分析阶段 | 分析阶段是对调查阶段所获得的信息进行分类、分析、整理和综合的过程,也是整个分析活动的核心阶段 |
| 总结及完成阶段 | 总结及完成阶段的主要任务是在深入分析和总结的基础上编制工作说明书和工作规范 |

### 2. 工作分析的内容

通过工作分析，我们要回答以下两个主要问题。

第一，"某一职位是做什么事情的？"这一问题与职位上的工作活动有关，包括职位的名称、工作职责、工作要求、工作场所、工作时间以及工作的条件等一系列内容。

第二，"什么样的人来做这些事情最适合？"这一问题则与从事该职位的人的资格有关，包括专业、年龄、必要的知识和能力、必备的证书、工作经历以及心理要求等内容。

## （三）招聘

员工招聘是指组织根据人力资源规划，按照一定的程序和方法，招募、挑选、录用具备资格条件的应聘者担任一定职位工作的系列活动。员工招聘的基本程序包括以下几方面。

（1）根据企业人力资源规划，开展人力资源供给和需求预测，拟定人员招聘计划。

（2）做好招聘准备工作，人力资源会同用人部门要做好招聘前的准备工作，包括以下几方面。

第一，分析拟招岗位的工作任务，确定任职资格和招聘标准。

第二，确定录用标准和工资水平，包括理想的状况和可接受的上、下限。

第三，准备招聘宣传材料，包括撰写广告、组织宣传材料等。

第四，准备招聘工具，包括需要填写的表格、面试问卷、笔试试题等。

第五，对招聘小组成员进行招聘工作培训，包括招聘工作基本程序、招聘方法和技巧、公关礼仪等。

第六，做好招聘预算，尤其外部招聘，要对广告费用、测试费用、有关差旅费、办公用品等做出基本估算。

（3）实施招聘。这一过程是整个招聘活动的核心，也是关键的一环，包括招募、筛选、录用三阶段。

第一，招募阶段。工作内容包括发布招聘信息、接待申请者、组织填写报名表、收集应聘者资料、建立求职者资料库等。

第二，筛选阶段。工作内容包括初步筛选资料、面试及测评。

第三,录用阶段。工作内容包括确定录用人员、上岗培训、试用、签订劳动合同、正式录用等。

## (四)员工培训

员工培训的方法有很多,概括来说主要包括以下几种。

1. 对管理人员的培训

对管理人员的主要培训方法见表8-5。

**表 8-5　对管理人员的培训**

| 对管理人员的培训 | 具体阐述 |
| --- | --- |
| 研讨会 | 类似于课堂指导,适用于对多人进行培训和开发的情况 |
| 在职培训 | 适用于开发仅凭书本、观察不能获得的技能,为管理人员提供实际锻炼的机会,并使他们从错误中得到经验 |
| 案例教学 | 通过对一些成文的例子进行分析,有些可能来自于受训者的实际工作经历,管理人员可以掌握如何对事实材料进行分解和综合,认识到许多决策时的影响因素,提高决策技能 |
| 角色扮演 | 通过扮演其他角色,提高他们理解和处理问题的能力,有助于受训者从另外一个立场来看问题,从而发现不足 |
| 管理游戏法 | 参加者面临着为一个虚拟组织制定一系列影响组织决策的任务,决策影响组织的效果可以用计算机程序来模拟 |

2. 对非管理人员的培训方法

对非管理人员的主要培训方法见表8-6。

### 表 8-6　对非管理人员的培训方法

| 对非管理人员的培训方法 | 具体阐述 |
|---|---|
| 在职培训 | 在职培训是一种应用最多的培训方法,可以提供常规工作条件下实际锻炼的经验,也为培训人员和新来的员工之间建立一种融洽的关系提供了机会 |
| 视听培训 | 可以应用视听设备对许多从事生产性质的员工进行培训,使其掌握工作技能和流程 |
| CAI 和 CMI 培训 | CAI 即计算机辅助指导,计算机辅助指导系统通过一台计算机终端把培训材料以互联网的形式直接发出去,提供操作及练习,解决问题及模拟,以游戏的方式进行指导及更为先进的个别指导培训。<br>CMI 即计算机管理指导,计算机管理指导系统利用计算机来随机出题的形式进行测试,以决定受训者的熟练程度,跟踪并指导他们应用学到的适当材料来满足专门的要求等 |
| 应用互联网培训 | 互联网具有连续提供最新培训材料的潜能,使得修订培训课程容易且成本较低,利用互联网可以节省旅行和课堂培训的费用,从而降低培训成本 |

## (五)绩效管理

### 1. 绩效计划

绩效计划的主要任务是通过上级和员工的共同讨论而确定员工绩效考核的周期和目标。

### 2. 绩效实施

绩效实施阶段需要完成以下几方面的工作。

(1)绩效监控

绩效监控是指管理者为了保证计划的顺利进行而对员工的各项活

动不断进行关注的过程,以避免出现较大的偏差。

(2)绩效辅导

绩效辅导是指管理者根据绩效计划,在绩效监控的过程中采取一定的措施对下属可能会出现的错误进行纠正和指导,既确保员工的工作不偏离组织的目标,也保证员工的绩效水平能够得到提高。

(3)绩效沟通

绩效沟通是指领导与员工针对绩效考评反映出的问题进行有效沟通的过程,通过沟通,发现绩效考核中存在的问题并及时修正,确保绩效考核的公平合理。

(4)绩效信息收集工作

绩效信息收集工作是绩效实施环节的一项重要工作,很多绩效管理失败的重要原因都是绩效信息收集工作做的不到位。需要注意的是,绩效信息收集工作不可能将每位员工的绩效信息都收集上来,只能有针对性地收集,保证信息的真实有效。

3.绩效考核

绩效考核是指企业在既定的战略目标下,运用特定的指标和标准,对员工的工作行为及取得的工作业绩进行评估,并运用评估的结果对员工将来的工作行为和工作业绩产生正面引导的过程和方法。绩效考核的结果会对人力资源管理的其他职能产生重要影响,也关系着员工的切身利益,受到全体员工的重视。

4.绩效反馈

绩效反馈是指上级要就绩效考核的结果与员工进行面对面的沟通,从而指出员工在绩效考核期间存在的问题,并根据问题做出相应的改进计划,之后,为了保证计划的有序进行,还要对执行的效果进行追踪,根据得出的结果可以对员工进行赏罚。

## (六)薪酬管理

薪酬管理是建立一套完整、系统的薪酬体系,实现激励员工积极性的管理活动。

## （七）职业生涯管理

职业生涯管理是组织根据员工个人性格、气质、能力、兴趣、价值观等特点，同时结合组织的需要，为员工制定具体的事业发展计划，并不断开发员工潜能，把员工个人职业发展目标与组织发展目标统一起来，使员工不断获得成长，产生强烈的归属感、忠诚感和责任心，从而最大限度地发挥工作积极性。

# 参考文献

[1]迟云平．职业生涯规划[M]．广州：华南理工大学出版社,2019.

[2]田永伟,吴迪．大学生职业发展指导：大学生生涯发展定位和职业生涯规划[M]．北京：光明日报出版社,2019.

[3]刘玉升．大学生职业生涯规划与就业指导[M]．苏州：苏州大学出版社,2018.

[4]王林,王天英,杨新惠．大学生职业生涯与就业指导[M]．北京：中国铁道出版社,2018.

[5]崔邦军,薛运强．大学生入学教育与职业发展规划[M]．北京：北京理工大学出版社,2018.

[6]祝杨军．生涯教育的逻辑[M]．北京：首都师范大学出版社,2018.

[7]谢珊．新编大学生职业生涯规划与就业指导[M]．北京：中国轻工业出版社,2017.

[8]龚芸,辜桃．大学生职业取向与职业规划[M]．北京：中国社会出版社,2017.

[9]武林波．规划自我启程远航：大学生职业生涯与发展规划[M]．银川：宁夏人民出版社,2017.

[10]任晓剑,姚树欣．大学生职业规划与创新教育[M]．国家行政学院出版社,2017.

[11]孟喜娣,王莉莉．职业生涯规划[M]．北京：北京邮电大学出版社,2017.

[12]李培山．大学生职业生涯规划与就业[M]．大连：辽宁师范大学出版社,2017.

[13]李可依,毛可斌,朱余洁．大学生职业生涯规划[M]．上海：上海交通大学出版社,2017.

[14]陈宝凤．大学生职业生涯规划[M]．哈尔滨：黑龙江大学出版

社,2016.

[15]邱仲潘,叶文强,傅剑波.大学生职业生涯规划[M].北京:清华大学出版社,2017.

[16]苏文平.职业生涯规划与就业创业指导[M].北京:中国人民大学出版社,2016.

[17]谭禾丰.职业生涯规划与就业指导[M].北京:机械工业出版社,2016.

[18]夏雨,李道康,王苇.大学生职业发展与就业创业(双色版)[M].上海:上海交通大学出版社,2016.

[19]王俊.职业生涯规划[M].南京:东南大学出版社,2016.

[20]陈梦薇,刘俊芳,李晓萍.生涯规划与职业发展[M].南京:东南大学出版社,2015.

[21]高静,吴梦军.迈向职场成功之路:职业发展与就业创业指导[M].济南:山东人民出版社,2015.

[22]于广东,鲁江旭等.大学生职业生涯规划与就业指导[M].北京:中国轻工业出版社,2016.

[23]顾雪英.大学生职业生涯发展与管理[M].南京:东南大学出版社,2013.

[24]徐凯.大学生职业生涯规划与就业创业指导[M].西安:西安电子科技大学出版社,2016.

[25]方伟.大学生职业生涯规划咨询案例教程[M].北京:北京大学出版社,2015.

[26]杨红英.大学生职业生涯规划[M].昆明:云南大学出版社,2015.

[27]覃玉荣.职业规划能力提升与就业指导[M].上海:上海交通大学出版社,2014.

[28][美]格林豪斯.职业生涯管理[M].王伟,译.北京:清华大学出版社,2014.

[29]李保城,刘效强.大学生职业发展与就业指导[M].济南:山东人民出版社,2014.

[30]张再生.职业生涯规划[M].5版.天津:天津大学出版社,2014.

[31]韩旭彤,张录全.大学生职业规划与就业创业指导[M].北京:现代教育出版社,2013.

[32]钟召平,王剑波,李瑞昌．大学生职业规划与就业创业指导[M].济南:山东人民出版社,2013.

[33]明照凤．大学生职业生涯规划[M].济南:山东人民出版社,2013.

[34]邱广林．职业生涯导航[M].广州:暨南大学出版社,2013.

[35]陈丹,何萍．大学生体验式生涯管理[M].北京:机械工业出版社,2013.

[36]张瑞英,刘克非．大学生职业生涯规划与就业指导[M].北京:北京理工大学出版社,2013.

[37]李花,陈斌．大学生职业发展规划与就业指导[M].北京:北京师范大学出版社,2012.

[38]任国升,高雪升．大学生职业生涯规划与就业指导[M].石家庄:河北大学出版社,2011.

[39]陈姗姗,吴华宇．大学生职业生涯规划与就业创业指导[M].北京:中国经济出版社,2012.

[40]张义明,李强．我的大学我做主:大学生职业生涯规划[M].杨凌:西北农林科技大学出版社,2012.

[41]邵晓红．大学生职业生涯与发展规划[M].北京:北京大学出版社,2011.

[42]韩庆红．大学生职业生涯管理[M].武汉:华中科技大学出版社,2011.

[43]谢彩英．织梦职业生涯规划[M].广州:华南理工大学出版社,2010.

[44]杜喜亮．赢在职场——职业生涯规划与就业指导[M].济南:山东人民出版社,2010.

[45]肖利哲,王雪原．大学生职业生涯规划理论与设计[M].北京:科学出版社,2011.